Couvertures supérieure et inférieure
en couleur

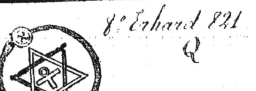

LA

Théosophie

UNIVERSELLE

THÉOSOPHIE BOUDDHISTE

PAR

LADY CAITHNESS

DUCHESSE DE POMAR

PRÉSIDENTE HONORAIRE DE LA SOCIÉTÉ THÉOSOPHIQUE
D'ORIENT ET D'OCCIDENT

A PARIS

PARIS	BRUXELLES
Georges CARRÉ	A. MANCEAUX

LIBRAIRES-ÉDITEURS

112, boulevard St-Germain | 12, rue des Trois-Têtes

1886

La Théosophie Universelle

LA
Théosophie

UNIVERSELLE

THÉOSOPHIE BOUDDHISTE

PAR

LADY CAITHNESS

DUCHESSE DE POMAR

PRÉSIDENTE HONORAIRE DE LA SOCIÉTÉ THÉOSOPHIQUE
D'ORIENT ET D'OCCIDENT

A PARIS

1882

L'œuvre du jour nouveau

PARIS | BRUXELLES
Georges CARRÉ | A. MANCEAUX
LIBRAIRES-ÉDITEURS
112, boulevard St-Germain | 12, rue des Trois-Têtes

THÉOSOPHIE UNIVERSELLE

> La Théosophie, c'est-à-dire
> l'esprit intelligent et intime
> des Religions.
> SAINTE-BEUVE.

La Théosophie Bouddhiste

La Théosophie universelle préhistorique n'a laissé d'autres vestiges que d'immenses monuments de pierre et des Mythes hermétiques. Si l'on doit considérer ce système comme la Religion-Sagesse (*Wisdom-Religion*) qui donnait une connaissance individuelle de Dieu, il est probable que la Théosophie n'était enseignée qu'aux initiés

qui formaient une fraternité universelle, tandis
que les masses étaient laissées à l'idolâtrie ainsi
que les monuments de pierre semblent l'indiquer.
Il en fut de même pour toutes les hiérarchies
païennes : Dieu pour le petit nombre et la « lettre
qui tue » pour tous.

L'aristocratie hiérarchique telle que nous la
retrouvons dans toutes les religions de l'antiquité, et surtout dans les systèmes nationaux, faisait de Dieu un grand Arcane et de la Théosophie
un monopole. Lorsque les chefs spirituels des
nations, comme Moïse, Manu, Zoroastre, etc., se
révoltaient contre un système hiérarchique, ils
finissaient toujours par en créer un nouveau qui
favorisait leur propre tribu.

Les hiérarchies restèrent de fait inébranlables
jusqu'à ce que, au ve siècle avant l'ère chrétienne, un grand mouvement se manifesta, qui fut
l'inauguration d'une nouvelle dispensation spirituelle.

Dans ce siècle-là Pythagore fit résonner une
corde dont l'écho fut renvoyé plus tard par Platon
et les Théosophes Alexandrins et qui, depuis
lors, n'a jamais cessé de vibrer au fond de l'âme
humaine. Presque à la même époque Lao-Tse,
Confucius, Zoroastre, Daniel, Ezéchiel, Jérémie,

Habbakuk, Anaximandre, Héraclite, Xénophane
enseignaient leurs différentes doctrines ésotériques; et ce fut aussi dans le même cycle que le
peuple de l'Inde vit une grande Lumière manifester l'absolu à travers Gautama Bouddha. Cependant ceux qui, à la même époque que le prophète
Hindou, enseignaient leurs Théosophies respec-
tives, se contentaient de professer au point de vue
national : ils ne prirent jamais l'attitude de maîtres
universels. Ce fut Gautama qui essaya de for-
muler le premier système général de Théosophie
historiquement connu. Ce système d'émancipa-
tion morale considère tous les êtres comme égaux,
sans acception de race ou de caste, et il est si totalement opposé à l'astuce des bigots, trafiquants
de mystères, que celui qui s'est une fois rendu
compte de ses principes ne peut plus les aban-
donner pour retourner à une croyance plus étroite
et plus égoïste.

« De même que le soleil luit pour tout le
monde, pour les bons aussi bien que pour les
méchants, pour ce qui est élevé comme pour ce
qui est bas, pour les doux parfums et pour ce qui
répand une odeur dégoûtante, et que ses rayons
tombent également et non pas inégalement sur
toutes choses, ainsi sont tombés les rayons de sa

divine intelligence qui possède la connaissance de l'Omniscience ».

(Cf. Le Lotus de la Bonne Loi, chap. v).

Bien avant que Jésus-Christ ne fut venu dire : « Venez à moi vous tous qui êtes travaillés et chargés et je donnerai le repos à vos âmes » (Matt. XI, 1-28), il y avait déjà un Christ enseignant le salut pour tous les êtres humains. Sa semence ne tomba pas sur un terrain stérile. On trouve dans le Bouddhisme un véritable esprit universel que le Christianisme a pu développer, mais non surpasser.

« L'esprit missionnaire qui règne dans le Bouddhisme le distingue de toutes les autres religions qui ont précédé le Christianisme. La religion de Confucius n'essaya pas de faire des prosélytes en dehors de la Chine. Le Brahmanisme n'alla jamais plus loin que l'Inde. Le système de Zoroastre était une religion Persane, celui de l'Egypte resta confiné dans la vallée du Nil et celui de la Grèce à la race Hellénique, mais le Bouddhisme était animé du désir d'amener toute l'humanité à la connaissance des vérités qu'il possédait. Ses missionnaires ardents convertirent des multitudes dans le Népaul, le Thibet, la Birmanie, Ceylan,

la Chine, Siam, le Japon, et dans tous ces pays
ses monastères sont aujourd'hui la source principale du savoir et des centres d'instruction pour le
peuple. Il est insensé de classer cette religion
parmi les superstitions qui rabaissent l'humanité.
Sa puissance vient de la force de conviction qui
inspirait ses apôtres, et celle-ci devait venir de la
vue de la vérité et non pas de la croyance dans
l'erreur ».

(The Great Religions, p. 153, J.-J. Clarke).

L'histoire de la vie de Siddârtha Câkya-Mouni ou
Gautama le Bouddha, comme il est généralement
appelé, étant maintenant aussi connue que celle
de la vie de Jésus, nous ne pensons pas qu'il soit
utile d'en parler ici (1). C'est de la théosophie seulement que nous voulons nous occuper : une théosophie que l'on accuse de n'avoir pas de Dieu à
cause de sa conception totalement anti-anthropo-
morphique de l'Etre divin. Dans le Bouddhisme,
Dieu n'est pas une réflection de l'homme, mais il
est Dieu lui-même, un être absolu que l'homme
ne saurait décrire avec son langage, un état su-

(1) Nous désirons cependant offrir ici notre tribut de
sincère admiration pour le poème exquis de M. Edwin
Arnold intitulé : *The Light of Asia* et qui contient le récit
de la vie du Bouddha.

prême d'existence qui ne peut être connu que par l'expérience. Extérieurement à cette unique chose qui n'est pas une chose, toute chose n'est rien (1), ce qui matériellement semble le plus réel est spirituellement le moins réel et *vice versa*. Il y a une si complète différence entre les choses matérielles et les choses spirituelles ou divines qu'il est impossible de décrire complètement ce qui est inconcevable jusqu'à ce que ce soit *connu*.

C'est en pensant, en étudiant, en méditant sur le chaos de son propre esprit, en s'efforçant de trouver la vérité et d'acquérir la connaissance spirituelle, en vivant selon la justice et la paix que l'on devient un Initié et que l'on arrive graduellement à une véritable conception de l'existence. Le lecteur qui se contente de tourner rapidement ces pages comme celles d'un roman fera mieux de renoncer à cette étude, car ce sujet exige une sérieuse attention.

Mais revenons au Bouddhisme.

Comme le présent est le résultat du passé et que l'avenir sera le résultat du présent, toutes choses sont le résultat du *Karma*, c'est-à-dire de la somme accumulée de nos actions. Le Karma

(1) Il y a là une définition subtile sur le mot *Nothing* qui ne peut se rendre dans la traduction.

est la loi de la cause et de l'effet appliquée au caractère moral des êtres humains (1).

(1) Une des principales doctrines métaphysiques du
Bouddhisme est celle du Karma. Cela signifie la loi des
conséquences par laquelle tout acte commis dans une
vie produit des résultats dans la vie suivante.

Lao Tse dit :

« La bonne et la mauvaise fortune de l'homme ne sont
pas déterminées à l'avance; l'homme se les attire par sa
propre conduite. La récompense du bien et du mal suit
comme l'ombre suit le corps. »

A chaque moment du temps la personnalité d'un homme
est le résultat de ses actes, de ses pensées, de ses émo-
tions précédentes. Le désir intérieur forge incessamment
de nouveaux liens dans la chaîne de l'existence matérielle,
si vrai est-il que « ce que nous semons nous le moissonnerons ». Nous sommes responsables de nos actes dans
la proportion où nos actions sont gouvernées par notre volonté, mais nous ne pouvons ni prévoir, ni empêcher ce
que nous appelons des *accidents,* parce qu'ils sont les conséquences de notre *Karma,* c'est-à-dire de nos actions précédentes. De là cette expression des Bouddhistes que le
« Karma vient des dieux et se manifeste par la forme
septenaire de l'hérédité, la situation faite par la naissance,
la longueur de la vie, les chances d'acquérir la connaissance spirituelle, la maladie, le chagrin et les accidents. »
« Karma, dit Bouddha est la propriété essentielle de tous
les êtres, c'est l'héritage des naissances précédentes; c'est
la cause de tout le bien et de tout le mal, la raison pour
laquelle quelques-uns sont abaissés et d'autres élevés en
arrivant dans ce monde. »

On peut rapprocher cette idée des paroles de Jésus-
Christ : « En vérité, je vous dis que vous ne sortirez pas
de là avant que vous n'ayiez payé jusqu'au dernier de-
nier.

Le règne de la Loi étant absolu nous ne pouvons nous émanciper qu'en vivant non seulement
d'accord avec la Loi, mais au-dessus de la Loi,
comme cela doit être le cas pour ceux qui sont
véritablement un avec Celui de qui vient la Loi.

Depuis le jour de notre naissance physique nous
avons développé en nous des perversités qui obs-
curcissent notre âme et auxquelles nous restons
attachés avec toute la ténacité de l'ignorance. Ces
choses du temps n'ont qu'une utilité temporaire, et
cependant nous y tenons avec un attachement
aveugle qui nous empêche de posséder les choses
de l'Eternité.

L'Eternité ne contient qu'une seule chose pour
nous et c'est « l'Un », la Divinité ou le Dieu qui
est au-dedans de nous, en qui nous vivons et
nous avons notre Etre. Lorsque cet « Un » est
complétement manifesté, il nous unit à l'Eternel,
car Lui seul est l'Eternel. Pour atteindre ce but le
moi temporaire et inférieur doit être annihilé.
C'est cette annihilation qui est nécessaire pour
atteindre le Nirvàna, cet état qui a été si fausse-
ment représenté par les savants qui ne se sont
occupés que du Bouddhisme exotérique.

Si cette idée du Nirvana n'était qu'un verbiage
métaphysique, elle ne se serait pas maintenue à

travers les âges, mais c'est un fait d'expérience absolue dont celui qui désire être parmi les élus pourra se rendre compte.

« Celui dont les sens sont devenus tranquilles, comme un cheval bien dompté par son cavalier ; qui est affranchi de l'orgueil, de la convoitise de la chair, de la séduction de l'existence, de la souillure de l'ignorance est envié même des dieux. Celui dont la conduite est droite demeure, comme la vaste terre, sans tourment ; comme le pilier de la porte de la cité, immobile ; comme un lac limpide, sans ride. Pour celui-là il n'y a plus de naissances.

« Calme est l'esprit, calme les paroles et les actions de celui qui est ainsi tranquillisé et affranchi par la sagesse ».

(Dhammapadda).

Bouddha n'a rien enseigné de nouveau ; il n'a fait que remettre en lumière les anciennes vérités sous une forme simple en même temps qu'il donnait l'exemple d'un véritable Esprit Divin affranchi de tout égoïsme ; et ainsi il a tenté le plus grand effort qui ait jamais été fait jusqu'alors pour la régénération sociale et individuelle, pour émanciper spirituellement l'humanité de l'esclavage de l'ignorance et du sensualisme.

Nous avons dans le Bouddhisme un des plus profonds systèmes de Théosophie. C'est le christianisme de l'Orient et, comme tel, il est même mieux conservé que le Christianisme qui est le Bouddhisme de l'Occident.

Ceux qui dédaignent les enseignements du Christ apprendront ce qu'ils valent en les comparant à ceux de Bouddha ; et les Chrétiens qui dédaignent les enseignements de Bouddha apprendront à les apprécier en les comparant à ceux du Christ.

Le Bouddhisme pratique peut se résumer en ceci : *Voir, sentir, parler, se conduire, vivre, agir, penser et aspirer avec* JUSTICE. C'est la voie absolue qui conduit à l'Absolu.

Il est évident que Christ et Bouddha ne sont que deux manifestations du même Principe Divin. Le Christ de l'Inde a préparé le chemin au Bouddha de la Judée. La différence qui existe entre leurs systèmes est purement esotérique. Bouddha a contemplé l'état du Nirvana, tandis que Christ parlait du Ciel comme d'un Principe Eternel et radieux, mais les deux idéals sont identiques.

Le Bouddhisme est la philosophie la plus sainte et la plus identique à l'esprit du Christ. Elle est la seule qui n'ait jamais été souillée par le sang et

qui soit pure de tout crime; la seule qui prêche la
charité envers les animaux aussi bien qu'envers les
hommes et qui inculque un sentiment de tendresse pour toutes les choses vivantes. En fait,
elle enseigne un seul sentiment absolu, l'Amour,
un Amour sans limites et la Justice pour tous.
De même que Christ enseigne qu'il faut aimer
nos ennemis et faire du bien à ceux qui nous
méprisent, Bouddha enseigne que le Chemin qui
conduit à l'Union Divine est ce Suprême Principe, cet Amour Divin qui seul peut unir l'humain
au divin.

Le Bouddhisme ne réclame la foi aveugle et le
respect absolu que pour la Vérité et la Justice.
Parmi tous les Réformateurs du Monde, Bouddha,
le Prince Mendiant est le seul qui n'ait jamais
admis la possibilité, encore moins la nécessité, de
tirer l'épée pour imposer les Principes Divins.

On demandera peut-être dans quelle relation le
Brahmanisme se trouve à l'égard du Bouddhisme
et comment ces deux systèmes se concilient?

Le Brahmanisme est le centre de la Vie Hindoue.

La ligne de conduite d'un Aryas peut se résumer de la manière suivante :

« Purifié par diverses cérémonies des souillures

de la naissance, l'Aryas ayant reçu le cordon consacré (1) et la ceinture, entre comme disciple des Brahmanes dans la première phase de son éducation, et, après l'avoir traversée, il célèbre, en offrant son premier sacrifice, la fête de sa nouvelle naissance.

« Il devient alors un chef de famille (grihapati), et après avoir rempli ses devoirs dans cette fonction, il transmet à son fils qui, pendant ce temps, a atteint la même position que lui, le soin de tout ce qui lui appartient et il se retire dans la forêt pour passer le reste de ses jours dans le calme,

(1) LE CORDON BRAHMANIQUE. Ce fil s'appelle BRAHMA SUTRA, ce qui signifie Esprit Eternel. Chaque Brahmine doit faire ce cordon lui-même et le porter autour de son cou. Il se compose de trois fils; tandis qu'il les enroule, l'aspirant dit : « Je gouvernerai mon corps, mes paroles et mon esprit, et je sais que ces trois sont un. » Les trois roulés en un sont le premier triangle de Pythagore. La Monade non manifestée émerge d'abord de l'obscurité sous forme de triangle. La seconde manifestation est le carré parfait, et la troisième est le cercle de l'Eternité. Et c'est ainsi que le carré devient le cercle ou la quadrature du cercle. Cela signifie l'immersion de l'individu dans l'Universel : « Mon Père et Moi nous sommes un. » Il y a trois plans de manifestations et chacun est triple. Trois fois trois font neuf, ce qui est le chiffre de l'Initiation Parfaite, et chaque fois que le neuf est atteint, l'homme se fond dans l'Universel, le cercle indique comment l'homme devient le tout.

M. C.

occupé d'œuvres religieuses et de méditations
silencieuses. L'idéal le plus élevé qu'un homme
puisse atteindre sur la terre, est de devenir un
Yati (vainqueur de soi-même) ou *Sannyas* (qui
renonce à soi-même). Ce dernier n'offre plus de
sacrifices, il est élevé au-dessus des choses du
monde et des sens et se voue exclusivement à la
vie contemplative. Telle est la voie qui conduit
à la délivrance finale (moksha) des liens de l'existence sensuelle. »

(Tiele. *Histoire de la Religion*, p. 128).

D'après ce qui précède on pourrait croire que
le Brahmanisme fait plus de cas des vertus de la
famille et de la vie sociale que le Bouddhisme,
mais, lorsque on a pénétré le sens ésotérique de
ce dernier système et que l'on s'est rendu compte
de sa théorie sur l'Evolution, les deux points de
vue se concilient parfaitement.

La différence entre les méthodes qui sont
employées par les Bouddhistes et les Brahmanes
pour atteindre au bien suprême se résume prin-
cipalement en ceci : tandis que les Brahmanes
considèrent que la répétition de la syllabe Om
est une partie essentielle de l'exercice spirituel (Yoga), les Bouddhistes pratiquent l'exercice

spirituel (Samadhi) par des moyens purement psychico-mentaux, et repoussent l'idée de la nécessité de répéter n'importe quel mot.

Le Bouddhisme est sans doute dans une certaine mesure dérivé du Brahmanisme (1). Non seulement ces deux systèmes ont le même objet en vue : humaniser ce qui est animal et diviniser ce qui est humain, en libérant l'âme des passions terrestres et de l'influence du monde matériel, mais pour tous les deux l'état de l'âme libérée est identique, quoique les Brahmines appellent Moksha l'*Absorption dans* l'Etre infini et que les Bouddhistes considèrent le Nirvana comme l'*annihilation* totale du moi inférieur.

Il est évident que cette insistance de Gautama Bouddha au sujet de l'annihilation complète de l'être sensuel, du démon dans l'homme, a sa raison; car là où il n'y a pas d'annihilation complète du démon dans l'homme il ne peut pas y avoir d'absorption finale de l'homme en Dieu. Ceux-là seuls qui ont essayé de le faire savent combien il est difficile de se donner *sans réserve* à Dieu qui est l'indéfinissable à l'ineffable Rien (2) des

(1) Cf. Bigaudet, parallèle entre les ordres religieux Bouddhistes et Brahmaniques dans « la vie et la légende de Gautama Bouddha. »
(2) Nothing (aucune chose).

Bouddhistes et des Cabalistes, le but et l'objet de
tout vrai Mystique. Tandis que les Brahmines
pensent que l'absorption divine produit l'annihilation du démoniaque, les Bouddhistes insistent sur
l'annihilation du moi sensuel comme condition
indispensable pour entrer dans l'Etat d'Esprit
Divin du Nirvâna. Il y a une différence, non seulement de paroles, mais de vues entre les deux
systèmes, mais l'objet de leur pratique est essentiellement le même. La méthode Brahmanique
du Yoga avec sa répétition de la syllabe Om favo-
rise davantage les conditions médianimiques que
l'Afflatus Divin; mais le Samadhi des Bouddhistes
nous paraît plus simple et plus vrai. La méthode
des pratiques mystiques est assez semblable dans
tous les systèmes et si l'on considère celle des
Brahmines au point de vue ésotérique elle diffère
très peu de celle des Bouddhistes. Il est probable
que dans l'Absolu, Brahm et Budh sont des principes identiques et non pas opposés. La morale
des deux systèmes est presque la même, la différence n'existe que dans les cérémonies extérieures,
mais ils se rencontrent sur les régles de vie au
point de vue physique et psychique. Presque tous
les Brahmines et les Bouddhistes sont végétariens
et ils ont un égal respect pour la vie animale.

Ils considèrent la chasteté comme une partie
essentielle de la pratique occultiste et bien que les
laïques de chaque système soient généralement
mariés, la vie monastique est considérée comme un
état supérieur. L'*Isolation* et la conservation de la
force vitale telle qu'elle se pratique par tous les mystiques et tous les occultistes sont recommandées
dans les deux systèmes.

Mais si le Brahmanisme est une Hiéro-Aristo-
cratie pharisaïque, le Bouddhisme est une Répu-
blique de pureté. Tandis que les Brahmanes
modernes, oublieux de leurs anciennes tradi-
tions, pensent que leur race seule est capable
d'être divinement illuminée, les Bouddhistes
au contraire croient que tout individu peut
atteinire par lui-même au Bien Suprême. En
conséquence, tandis que le Brahmanisme ra-
baisse l'individu, le Bouddhisme l'élève, car
les Brahmines tiennent à la naissance physique
qui est sujette à l'imperfection ; mais les Bouddhistes font de la naissance spirituelle, qui est
seule véritable et parfaite, le point central de
leur système. On peut être né de parents Brahmanes et ne pas être propre à devenir un Brahmane, mais qui que ce soit qui est né spirituellement est propre à recevoir la connaissance

diviné. Le Brahmanisme se fonde sur l'hérédité,
mais le Bouddhisme, comme système, possède un
principe rénovateur qui n'existe dans le Brahmanisme qu'à l'état latent par le fait des limites de la
race. La politique du Brahmane est : le démon
pour le monde et Dieu pour nous. Mais Dieu ne
peut pas être transmis par héritage ni gardé comme
un secret. Ceux qui croient qu'eux seuls possèdent
Dieu ne possèdent que son ombre — le démon.
Dieu n'accepte que ceux qui sacrifient le démon
dans leur propre personne. Le père ne peut pas
mourir pour son fils, le mari ne peut pas se sacrifier
pour sa femme, l'enfant ne peut pas offrir sa vie
pour sauver ses parents ; car l'état de l'âme est un
don individ. de Dieu à chaque individu et chacun doit mourir à sa nature inférieure avant de
pouvoir être accepté et de renaître en Dieu. Par
conséquent l'idée Bouddhiste de l'annihilation
totale du Moi sensuel, le démon dans l'homme,
peut être considérée comme correcte. Le Nirvâna
est l'annihilation du moi et c'est cette annihilation
elle-même qui nous conduit au Nirvâna.

Qu'est-ce que le Nirvâna ? C'est la manifestation de l'absolu, l'âme divine, latente qui, lorsqu'elle est manifestée, est connue comme l'Esprit
divin,

Mais voyons comment les Bouddhistes eux-mêmes la définissent.

Dans un dialogue entre Melinda et Nagàsena que Max Muller cite (Chips. vol. I) d'après Spence Hardy, intitulé « le sens du Nirvâna », on trouve la définition suivante de ce mot mystérieux !

« NAGASENA. — Un homme peut-il, avec ses forces naturelles, aller de la ville de Sàgal à la forêt d'Himàla ?

MELINDA. — Oui.

NAGASENA. — Mais quelqu'un pourrait-il, avec ses forces naturelles, faire venir la forêt d'Himàla à cette ville de Sàgal ?

MELINDA. — Non.

NAGASENA. — De même, quoique la possession des voies (du salut) puisse conduire au Nirvâna, on ne peut montrer aucune cause par laquelle le Nirvâna soit produit. On peut indiquer la voie qui mène au Nirvâna, mais non une cause quelconque qui le produise. Pourquoi? Parce que ce qui constitue le Nirvâna dépasse tout calcul; c'est un mystère, une chose qu'on ne saurait comprendre... On ne peut pas dire que le Nirvâna est produit, ni qu'il n'est pas produit; que c'est une chose passée, future ou présente. On ne peut pas dire non plus que c'est l'état où l'œil voit,

ni où l'oreille entend, ni où le nez a l'odorat, la
langue le goût, le corps le toucher.

MELINDA. — Alors vous parlez d'une chose qui
n'est pas; vous dites simplement que le Nirvâna
est le Nirvâna. Donc il n'y a pas de Nirvâna.

NAGASENA. — Grand roi, le Nirvâna est.

MELINDA. — Celui qui arrive au Nirvâna atteint-
il quelque chose qui a existé antérieurement, ou
bien est-il sa production, une création propre à
lui-même?

NAGASENA. — Le Nirvâna n'existe pas avant
qu'on l'obtienne, ce n'est pas non plus une chose
créée (par celui qui l'atteint) cependant pour celui
qui y arrive, le Nirvâna existe. Celui qui est le
plus méritant (Bhagavat) existe.

MELINDA. — Alors pouvez-vous m'indiquer le
lieu où il existe?

NAGASENA. — Notre Bhagavat a atteint le Nirvâna, où la naissance ne se renouvelle pas. Nous
ne pouvons pas dire qu'il est ici, ni qu'il est là.
Lorsque un feu est éteint, peut-on dire qu'il est
ici ou qu'il est là? De même notre Bouddha est
arrivé à l'extinction (au Nirvâna). Il est comme
le soleil qui s'est caché derrière le mont Astagiri.
Il est impossible de dire qu'il est ici ou qu'il est
là; mais nous pouvons le montrer à l'aide des

discours qu'il a prononcés. Dans ces discours, il
vit encore (1).

1) Voyez aussi le Bouddhisme de Rhys Davids.

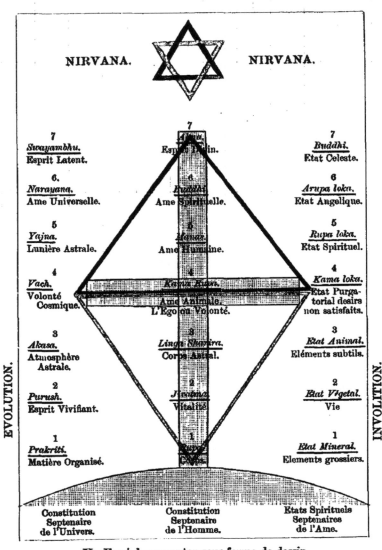

NIRVANA.   NIRVANA.

7	7	7
Swayambhu. Esprit Latent.	Esprit Divin.	*Buddhi.* Etat Celeste.
6. *Narayana.* Ame Universelle.	6. *Buddhi.* Ame Spirituelle.	6 *Arupa loka.* Etat Angelique.
5 *Yajna.* Lumière Astrale.	5 *Manas.* Ame Humaine.	5 *Rupa loka.* Etat Spirituel.
4 *Vach.* Volonté Cosmique.	4 *Kama Rupa.* Ame Animale. L'Ego ou Volonté.	4 *Kama loka.* Etat Purgatorial desirs non satisfaits.
3 *Akasa.* Atmosphère Astrale.	*Linga Sharira.* Corps Astral.	3 *Etat Animal.* Eléments subtils.
2 *Purush.* Esprit Vivifiant.	2 *Jivatma.* Vitalité.	2 *Etat Végetal.* Vie
1 *Prakriti.* Matière Organisé.	1 *Rupa.* Corps.	1 *Etat Mineral.* Elements grossiers.

EVOLUTION.   INVOLUTION.

Constitution Septenaire de l'Univers.	Constitution Septenaire de l'Homme.	Etats Spirituels Septenaires de l'Ame.

Un Essai de presenter sous forme de dessin

LA CONSTITUTION SEPTENAIRE DE L'HOMME ET DE L'UNIVERS.

Le Bouddhisme Esotérique

~~~~~~~~~~

Le Bouddhisme sous sa forme Esotérique est,
dit-on, identifique à l'ancienne *Religion — Sagesse*, — Bouddhisme préhistorique ou la théosophie Hermétique qui, selon nous, se retrouve
dans tous les mythes mythologiques et les allégo-
ries occultistes de l'antiquité.

Supposant que nos lecteurs connaissent ou con-
naîtront l'ouvrage de M. Sinnett, intitulé : Bouddhisme Esotérique, notre seule intention, dans ces
pages, est d'attirer l'attention sur la doctrine de la
constitution septenaire de l'homme et de son évolution graduelle à travers la chaîne planétaire
septenaire, puis d'indiquer sa correspondance
avec les autres enseignements Esotériques qui
traitent ce sujet profondément intéressant.

Nous commencerons donc par mettre sous les
yeux du lecteur le tableau de cette constitution tel
que nous le trouvons dans le livre de M. Sinnett,
en y ajoutant celui des états spirituels de l'âme et

de la constitution septenaire de l'univers. Ce dernier tableau a .été fait d'après des indications de l'un des chefs spirituels de la société théosophique de Madras. Il est bon de rappeler ici que psychiquement, aussi bien que physiquement, l'homme est un microcosme ou univers et que l'Univers ou le macrocosme est semblable à l'homme.

Constitution de l'Homme.

FRANÇAIS	SANSCRIT
1. Le Corps	Rupa.
2. Le principe de vie vitalité.	Jivatma.
3. Le corps Astral	Linga Sharira.
4. L'âme animale ou volonté (le Ego). .	Kama Rupa.
5. L'âme humaine ou l'Intellect.	Manas.
6. L'âme spirituelle	Buddhi.
7. L'Esprit divin	Atma.

Constitution de l'Univers.

FRANÇAIS	SANSCRIT
1. Terre ou matière.	Prakriti.
2. Esprit universel vivifiant.	Purush.
3. Atmosphère astrale ou cosmique. . .	Akasa.
4. Volonté cosmique	Vach.
5. Lumière Astrale ou illusion universelle	Yajna.
6. Intellect universel	Narayana.
7. Esprit latent.	Swayambu.

Ce tableau a pour but de donner au lecteur une idée claire et simultanée des enseignements du Bouddhisme ésotérique sur ces trois doctrines importantes : — la Constitution de l'Univers, la Constitution de l'Homme et ses états spirituels pendant et après la vie terrestre.

On remarquera que ces principes sont énumérés en commençant par l'extérieur et en allant vers l'intérieur, le premier n'étant que l'extérieur de l'enveloppe qui contient dans ses replis intérieurs les sept autres, le Joyaux de Grand Prix, le She-kinah. Mais, afin de rendre ces sept ÉTATS, PRIN-CIPES ET SENS apparents à l'œil extérieur, aussi bien qu'à l'intelligence, nous avons pris la liberté de les représenter s'élevant de la terre sous la forme d'une croix qui est le véritable symbole de l'homme indiqué par l'architecture de l'Eglise chrétienne. Ce signe a déjà été employé comme *Symbole* sacré longtemps avant l'ère chrétienne, il est même si ancien qu'on le retrouve sur les monogrames de quelques-unes des planètes. Le mystère de ce double emblême pourrait remplir des volumes; disons seulement qu'il est le véritable emblême de l'homme et de la femme. La figure de la croix, dit Platon, existe dans l'Univers; ses quatre espaces intérieurs s'étendent à l'Infini — au

nord, au sud, à l'est, à l'ouest. Et ainsi, s'élevant
de la terre au ciel, comme l'Arbre de vie, l'homme
se tient debout avec l'Infini autour de lui et l'Eternité au dedans. Le rayon transversal qui représente les armes de la *puissance* et de la *gloire* peut
aussi représenter l'arbre de la Connaissance du
Bien et du Mal (ce qui est le cas dans la Théosophie hermétique), dont le fruit est à sa portée ; il
se tient au milieu du jardin séparant les principes
les plus élevés des principes inférieurs.

On remarquera que nous avons enfermé ladite
croix dans un double triangle de deux couleurs
qui, lorsqu'il est entrelacé, comme celui qui est
au-dessus de la croix, représente le « mystère des
mystères », la synthèse géométrique de toute la

(1) Le signe de la croix fait par les catholiques en pro-
nonçant les dernières paroles de la prière du Seigneur a
une signification plus profonde qu'ils ne s'en doutent.
En disant « *car à toi appartient le royaume* », ils touchent
d'abord le front avec le revers du pouce, puis *alors* la
région vitale du cœur; indiquant par là que le *premier*
est le tronc « le Siège de la Miséricorde », la demeure du
Seigneur du Royaume (ou la Sagesse divine, la femme).
Au moment de dire « *la puissance et la gloire* », le pouce
touche d'abord l'épaule droite, puis la gauche « (la main
droite de la puissance » — « la main gauche de ta gloire) ».
« *Pour toujours et toujours, amen,* » le pouce se place sur
le premier doigt de la même main en forme de croix,
puis s'élève jusqu'aux lèvres qui le scellent d'un baiser
signifiant « *Ainsi soit-il* » ou Amen !

doctrine occulte. Sous cette forme, il est appelé par
les Juifs Cabalistes le « sceau de Salomon » et il
est le Sri Antara du Temple Archaïque Arien. Il
représente la Divinité dans son Essence suprême
« mâle et femelle », « l'Amour et la Sagesse », et
contient la quadrature du Cercle, la soi-disant
Pierre Philosophale, les grands problèmes de la
vie et de la mort, le mystère du Bien et du Mal
(Viz, la matière unie ou séparée de l'Esprit), etc., etc.

Lorsqu'on considère les triangles autour de la
Croix, on voit qu'ils sont *séparés* et ils ne s'uniront, ne s'entrelaceront, ne se croiseront que petit
à petit ; le triangle inférieur s'élève de degré en
degré à mesure que l'homme arrive aux états supérieurs. La nature sombre, ou la nature du feu
grossier, s'élève de la terre pour rencontrer le
triangle lumineux qui descend (la sagesse qui
vient d'en haut), comme parfois la lumière d'un
flambeau que l'on vient d'éteindre apparaît au-
dessus de lui et le rallume.

Lorsque, enfin, la ligne Rouge atteint la ligne
Bleue, ou sixième principe, — l'âme spirituelle (la
fiancée céleste ou l'état du Christ), les triangles se
trouvent complétement entrelacés et l'Union est
parfaite comme dans le Double Triangle divin
qui représente le Nirvâna.

Ce centre correspond au Principe central dans l'homme qui est l'axe sur lequel son caractère doit tourner. Ce quatrième principe s'appelle *Kama Rupa*, c'est la VOLONTÉ ou l'Ame animale, parce que les animaux le possèdent aussi bien que l'homme.

Il correspond aussi physiquement au grand centre ganglionique, appelé le Plexus solaire (ou Soular), et par les anciens le « *cerveau mâle* » ou le « *cerveau du ventre* » (1), qui est le premier à

(1) « *Majupperikos* (ou cerveau derrière le diaphragme). C'est ainsi que *les anciens Grecs* appelaient le Plexus Sélaire et ils lui attribuaient une large part dans nos sensations intérieures, en plus des fonctions généralement assignées à ces organes nerveux appelés Centre Épigastrique (sur l'estomac), bien qu'à proprement parler ils soient situés *derrière* l'estomac, ou ce qui s'appelle le creux de l'estomac. C'est ce Plexus Organique qui *meut le cœur*.

« Dans tous les temps et dans tous les pays, on a supposé que ces organes étaient le siège et le centre de l'émotion et du sentiment; ainsi, dans la conversation, on parle de sensations et de sentiments qui frappent au cœur ou à la poitrine et les gens y portent les mains en disant que leur cœur « saute de joie », « palpite de plaisir », « est aussi léger qu'une plume » ou « pesant comme du plomb », mais en tant qu'il s'agit du *cœur*, nous pourrions aussi bien dire l'estomac, le foie ou la rate.

« La cause se trouve plus au fond que cela, derrière ces organes où le « Génie » se tient, surveillant tous les organes et toutes les fonctions; le mot de cœur n'est qu'une expression figurée. Ce Génie s'appelle le Plexus Solaire, c'est un tissu de nerfs qui portent et distribuent la

vivre et le dernier à mourir dans le système nerveux, le réceptacle, le véhicule et le centre de la
vitalité, de la sensation, de l'instinct et du sentiment, aussi bien que de l'intuition, de la nutri-

force vitale à tous les organes. Jour et nuit, l'action du
cœur et la circulation du sang est entretenue par ce seul
centre organique, la source de l'énergie vitale, de la chaleur vitale, de la puissance motrice; ce moteur de l'action
fonctionne jour et nuit sans s'arrêter, indépendamment de
la volonté. Sans lui, le sommeil serait la mort et nous
pourrions commettre un suicide par notre seul désir; en
arrêtant l'action du cœur, nous arrêterions le balancier
de l'horloge. De ce centre sympathique jaillit, en premier
lieu, ce courant de force vitale, dont l'action commence
avec la vie et ne cesse qu'avec elle ; car ces organes, dont
les fibres possèdent une force motrice ou un stimulant
qui en dérive, accomplissent le plus dur travail, vivent le
plus longtemps et sont les derniers à mourir. Lorsque le
lien qui les unissait au corps est brisé, la force ou l'impulsion vitale entretient encore pendant quelque temps le
principe de la vie en nous ; chez les animaux, elle adhère
au corps et le fait vibrer parfois pendant plusieurs heures
après la mort.

« La supposition que ce centre ganglionique est un cerveau, appelé *cerveau mâle* par les anciens, est encore prou-
vée par le fait du rapport que présente sa structure avec
celle du cerveau. Certains physiologistes savent que l'on
trouve enfouis dans sa substance les mêmes corpuscules
nerveux qui existent dans le cerveau lui-même et que plusieurs philosophes croient être la source d'où émane la
faculté de penser.

« Il est bien reconnu que l'intelligence ou la volonté
n'ont pas de part dans toutes nos fonctions, ni même dans
tous nos sentiments, et surtout dans la classe de nos sen-

tion, des mouvements du cœur, de la circulation
du sang, et, en outre, ce qui constitue la vie dans
le sommeil ; autrement nous mourrions.

Cette âme, ou Soleil, est le germe de la vie, le

sations internes. La sensation peut être mentale, physique
ou tous les deux à la fois. Des deux espèces de sentiment
dont nous avons conscience, l'une concerne l'*intelligence*,
l'autre les *sens* ou le médium sensitif. C'est, en premier
lieu, par un sens ou une sensation, au moyen de laquelle
le sentiment se fait connaître, que nous rassemblons les
matériaux de toute la connaissance que nous possédons,
bien que, généralement, on attribue cela à un acte de
l'esprit.

« La sensation, en elle-même, est plutôt un pouvoir primitif dont le cerveau intelligent peut user ou non, ou sur
laquelle il peut se réfléchir ; en sorte qu'il est possible que
nous *sentions sans penser* ou, en d'autres termes, que le
médium sensitif reçoive seul l'impression. On appelle
parfois cela des perceptions *sensuelles* pour les distinguer
des phénomènes purement mentaux. C'est une force ner-
veuse d'une nature différente de celle que dégage le cerveau et la moelle épinière et un principe qui n'est fourni
par aucune autre partie du corps vivant ; mais, comme
nous l'avons déjà fait observer, nous trouvons enfouis,
dans la substance de ces corps ganglioniques, exactement
les mêmes corpuscules nerveux que dans le cerveau lui-
même et que plusieurs philosophes croient être la source
d'où émane la faculté de penser. »

Dʳ HENRY SCOTT M. D.

J'ai écrit les lignes qui précèdent, il y a quelques années,
sous la dictée du Dʳ Scott lui-même et en me servant de
la première feuille de papier venue. C'est seulement après
avoir fini que je remarquai, sur ce même papier, quelques notes prises par moi sur l'Anacalypsis de Higgins.

premier organe créé dans l'état intra-utérin ou fœtus, et le *seul* cerveau dans le corps de quelques animaux inférieurs. C'est aussi le Centre télégraphique du corps humain avec ses fils qui

Ces mots semblaient être le début de la dictée du Dr Scott, les voici :

EMMANUEL, Dieu avec nous.

ALMA-VIERGE — la pensée conçue et qui procède de, — le cerveau femelle ou la SAGESSE DIVINE (c'est là le nom dans l'hébreu moderne); le même que pour le cerveau (Alma, en espagnol, signifie âme).

ALMA-MATER — Mère nourricière : nom d'une Université (où l'on enseigne la Sagesse).

On verra de suite combien cette coïncidence est extraordinaire et comme cette simple circonstance est significative, en confirmant silencieusement, mais éloquemment, l'hypothèse des anciens sur le cerveau mâle et femelle. Il est dit que la génération présente est celle du *cou*, la suivante sera le développement de la *tête*, et elle est destinée à compléter la stature de l'homme sous la *Forme humaine divine*, lorsque les sens les plus élevés seront développés en lui.

Quelle profonde signification, par conséquent, dans la construction de la forme humaine, faite à l'image de Dieu (« il les créa mâle et femelle »); ainsi *Deux en Un* spirituellement et physiquement. Cette idée est remarquablement exprimée sous le symbole de la déesse de la Sagesse de l'Ancienne mythologie, qui s'élance toute armée et cuirassée du *cerveau* de Jupiter. Quelle signification également dans la forme de l'Arche de l'Alliance construite par Moïse, d'après le modèle *Céleste*, avec ses chandeliers à sept Branches et son bassin qui correspond si évidemment au *quatrième* Principe, tandis que le Sanctuaire des Sanctuaires correspond au cinquième et le Prose dirigent dans toutes les directions et qui le relient spécialement au « Cerveau *Féminin* » ou système cérébro-spinal par deux cordons nerveux situés de chaque côté de la moelle épinière. On

pitiatoire au *sixième*, comme nous le voyons dans le dessin ci-joint. Le Seigneur lui commande de mettre le Propitiatoire « au-dessus de l'Arche », disant : « C'est là que je te rencontrerai et que je communierai avec toi de dessus le Propitiatoire. » (Exode xxi, 21, 22.)

L'Arche de l'Alliance était pour les enfants de cette première génération, le symbole des choses meilleures qui devaient venir et qui sont aujourd'hui à notre porte. L'Arche symbolique a disparu depuis longtemps, mais l'idée réelle et vivante qu'elle représentait, doit apparaître maintenant comme la véritable Arche de l'Alliance de Dieu, faite avec les enfants des hommes. Cette alliance voulait dire que la semence de la *femme* devait écraser la tête du serpent.

Le Serpent représente la Matérialité ou les trois principes inférieurs du Bouddhisme Esotérique qui dérivent de la terre ; la semence de la femme est l'humanité parfaite ou le Fils de Dieu conçu du Saint-Esprit dans le sein immaculé de la Vierge pure ou *Alma, l'âme féminine*, le sixième principe, le BUDDHI ou l'âme spirituelle du Bouddhisme Esotérique ; le *Son* divin, ou la sixième essence de la Théosophie Hermétique ; la « PAROLE » ou le souffle vivant, l'expression de la Pensée Divine des chrétiens. Ainsi Christ était appelé la Parole, parce qu'il était le *rejeton* de la semence de la femme, ou le *Cerveau femelle*, *l'expression* de la Sagesse Divine.

« L'amour est masculin, parce qu'il engendre par impulsion et sans travail ; la Sagesse est féminine parce qu'elle engendre par le travail. »

M. C.

l'appelle *Plexus solaire* à cause de sa forme ronde. Il constitue le centre des nerfs organiques ou vitaux et préside aux fonctions organiques intérieures; c'est pour cela qu'on l'appelle aussi la sphère organique, comme le *cerveau féminin* qui préside aux fonctions intellectuelles est appelé organe de l'intelligence.

D'après ce qui vient d'être dit on comprendra facilement que ce quatrième principe est le siège de la vie comme le cœur, qui est aussi au centre, est appelé le Siège de l'Amour, et cela est moralement vrai, car ce qu'un homme aime il le *veut*, et le but de ses efforts durant la vie terrestre devrait être d'élever son amour et sa volonté au-dessus des trois principes animaux ou terrestres inférieurs, en sorte que, par le développement de son *cinquième* principe, MANAS (âme humaine), qui est sa véritable *personnalité*, il puisse après la mort s'élever au-dessus du *quatrième* état spirituel appelé KAMA LOCA. Le Kama loca est cette sphère Astrale qui entoure immédiatement la terre et correspond au *quatrième* principe, *Kama Rupa* (âme animale)(1), demeure de tous les « Esprits » liés à la terre que l'on devrait plutôt désigner par le terme d'âmes.

(1) Voir la planche coloriée.

Le Ego ou le Moi est centralisé dans ce principe
du milieu qui est la volonté ou l'amour, décrit par
les Théosophes Hermétiques comme la nature Feu
qui peut aller en avant et en arrière dans la première ou la seconde triade, suivant le désir de son
amour dominant. Il peut retourner vers les états
inférieurs dont il est sorti comme âme animale
ou s'élever par un développement successif jusqu'aux états supérieurs auxquels il est destiné.

On comprendra mieux ce quatrième Principe
(ou état) si l'on étudie la cabale avec sa doctrine
des sept esprits de Dieu, son œuvre des sept jours,
ses sept planètes, etc., etc.

Il sera bon de lire aussi les mystiques Théosophes qui adoptent la doctrine de la nature septenaire de toutes choses résultant de la nature
septenaire de l'Essence divine et qu'ils expliquent
comme suit :

1. *Astringence.*
2. *Mobilité.*
3. *Angoisse.*

IV. Feu.

5. *Lumière Amour.*
6. *Son.*
7. *Substantialité (spirituelle).*

Le *premier*, l'Astringence, est le principe de toute force contractive ; c'est le Désir et il attire. Les rochers sont durs parce que cette première qualité n'est pas encore éveillée en eux.

La *Seconde*, Mobilité, cette douce qualité, est le principe de l'expansion et du mouvement ; les formes simples des plantes, des fluides, etc.

La *troisième*, Angoisse, la qualité amère, est générée par le conflit des deux premières ; elle est manifeste dans l'angoisse et la lutte de l'être ; elle peut devenir un ravissement céleste ou un tourment de l'enfer ; son influence est dominante dans le soufre.

La QUATRIÈME, LE FEU, est la transition ou la qualité intermédiaire.

Dans la qualité du feu, la lumière et l'obscurité se rencontrent. C'est la racine de l'âme de l'homme, la source du ciel et de l'enfer, entre lesquels notre nature se trouve placée. L'esprit-feu est l'âme inférieure de l'homme, ou l'*Anima Bruta*, que les animaux possèdent aussi bien que les hommes, car c'est du centre de la nature avec ses quatre formes qu'émane sa puissance ardente. Il fait jaillir le feu lui-même, il est la « roue de l'essence ». Les trois premières qualités relèvent plus spécialement de la nature du Père ou de Dieu dans sa colère lorsqu'il

3

est décrit comme « un feu consumant » ; séparées de
la seconde triade, elles engendrent la mort spirituelle, la colère, la lutte, la nécessité, en
d'autres mots le MAL. Les trois dernières qualités
appartiennent à la nature de la mère (ou nature
féminine) lorsque le feu terrible qui couve rencontre la douce tendresse de la qualité de l'amour et
éclate en une flamme brillante et joyeuse, source
de la lumière et de l'Amour, de la sagesse et de la
gloire, en d'autres mots du BIEN, produit par l'union
des qualités mâles et femelles, de même que leur
séparation est l'origine et la cause du MAL.

L'homme est l'arbitre de sa propre destinée ; il
développe volontairement des profondeurs de sa
propre nature son ciel ou son enfer, tandis que,
en se dominant ou en cédant à ses passions, il
augmente le bonheur ou la souffrance de ceux qui
l'entourent. La véritable cause du péché et des
cruelles misères que nous voyons autour de nous
est dans l'égoïsme, dans ce terrible amour de soi,
dans cette personnalité qui accentue si violem-
ment et si insidieusement le *je* et le *vous* et qui est
le résultat de la prédominance des trois principes
(ou qualités) inférieurs. Ceux-ci ne pourront être
dominés et élevés que par le développement des
principes spirituels supérieurs. Les Théosophes

Hermétiques ont décrit cette évolution comme étant l'union du dur et du sombre avec l'amour et la lumière, ou des qualités mâles avec les qualités femelles ; dans l'ancienne Religion-Sagesse, cela s'appelle le cinquième et le sixième principe, l'âme spirituelle et l'âme humaine.

La *sixième* qualité est décrite par les Hermétistes comme le *Son*. Dans le ciel, l'harmonie des sphères ; dans l'homme, les cinq sens et le *don* de la parole, ou plutôt le VERBE, la *manifestation* de la Divinité. Ainsi Christ est appelé LE VERBE, le langage du Nom Divin, *nom* signifiant la nature *expressive* ou sa *manifestation extérieure*. Lorsque nous atteindrons le sixième Principe ou l'Esprit de Christ, il développera en nous le *sixième* sens, ou l'âme spirituelle qui est l'Intuition, la perception des choses spirituelles et éternelles ; l'homme alors prendra connaissance du monde subjectif qui l'entoure comme il a connu le monde objectif ou monde des sens, au moyen de ses premiers sens.

Le *septième* principe est l'Esprit Divin lui-même, décrit comme étant la substantialité spirituelle.

Jusqu'à présent l'homme n'a développé que cinq sens, mais le Bouddhisme Esotérique nous enseigne que lorsqu'il atteindra le sixième et le septième état, il développera le sixième et le septième sens. On peut dire que l'aurore du sixième sens a déjà lui dans quelques esprits avancés ; et certains livres de publication récente semblent indiquer clairement que le temps est proche où le sixième sens se développera. Nous faisons allusion aux ouvrages intitulés : « The Perfect Way », « Morgenrothe », « les Deux en Un », « Sympneumata », etc.

Le véritable Sympneumata, c'est l'homme dans sa dualité, mâle et femelle, *Deux en un*, tel qu'il a été créé au commencement à « *l'image de Dieu* » et tel qu'il est destiné à redevenir à mesure qu'il s'élèvera et développera le sixième sens ou l'Ame spirituelle. C'est ce que l'Eglise a symbolisé sous l'image du retour de l'Epouse et du Mariage du Fils du Roi.

Par rapport à l'état spirituel de l'homme, immédiatement après la mort, le Bouddhisme Esotérique enseigne que les trois Principes inférieurs qui appartiennent au corps extérieur, sont abandonnés et retournent à la terre d'où ils procèdent et à qui ils appartiennent. Ce qui constitue l'homme réel, c'est-à-dire les quatre Principes supérieurs, passe dans le monde spirituel qui entoure immédiatement le nôtre et qui en est de fait le plan

astral, c'est le Purgatoire de l'Eglise catholique
romaine, appelé en sanscrit KAMA LOCA (voyez la
planche coloriée). Ici une séparation a lieu : d'un
côté, les deux Principes les plus élevés entraînent
le cinquième (l'Ame Humaine), la véritable personnalité, dans une direction, tandis que le quatrième (l'Ame animale) l'attire vers la terre. Les
parties les plus pures, les plus élevées, les plus
spirituelles du cinquième Principe, restent atta-
chées au sixième et sont élevées par lui ; ses instincts, ses impulsions, ses souvenirs inférieurs
adhèrent au quatrième Principe et restent dans
le KAMA LOCA, le « PURGATOIRE », ou la sphère
astrale qui entoure immédiatement la terre.

Ainsi les meilleurs éléments, ou la véritable
essence de la dernière personnalité, s'élèvent à l'état
appelé, dans la Théosophie Bouddhiste, le DEVA-
CHAN, et qui correspond en quelque manière à
notre idée européenne du ciel. Il ne faudrait
cependant pas confondre le Devachan avec ce
Royaume des cieux, supérieur et absolu, le NIR-
VANA, qui est le centre du Bouddhisme comme du
Christianisme, et de toutes les religions. En effet,
le grand but de cette effrayante évolution de
l'humanité est de développer les âmes humaines
pour les rendre aptes à cette condition, que nous

ne pouvons pas même concevoir aujourd'hui et qui existera seulement lorsque l'homme sera « parfait comme son Père est parfait » et que le Fils de l'homme sera devenu le Fils de Dieu. Cet état ne peut être atteint que par des incarnations innombrables où l'Entité individuelle progresse à travers les sept Ronds Planétaires. Ainsi cette Religion-Sagesse Eternelle confirme les paroles du Christ et nous enseigne, selon l'exemple de l'amour et de l'intelligence éternels, à pardonner à nos ennemis et à leur donner l'occasion de réparer leurs torts jusqu'à « septante fois sept fois ».

Il est vrai qu'à chaque naissance la personnalité diffère de la précédente et de la suivante, mais le Bouddhisme ésotérique nous enseigne que, bien que les personnalités changent sans cesse, la ligne unique de la vie sur laquelle elles sont enfilées comme des perles sur un fil, se poursuit sans interruption ; c'est toujours *cette ligne spéciale* et non pas une autre. La ligne ou le fil de la vie constitue par conséquent notre véritable individualité ; c'est une ondulation vitale individuelle, « DEUX EN UN » double et *indivisible* pour toujours.

Ce fil de la vie sur lequel sont enfilées nos innombrables personnalités dans notre carrière à

travers les âges, cette dualité *indivisible*, cet éternel « Deux en Un », est en réalité notre sixième et
notre septième principe. Ils ont débuté dans le
Nirvâna du côté subjectif de la Nature, comme
l'ondulation de la Lumière et de la Chaleur à travers l'éther a débuté à sa source dynamique, court
à travers le côté objectif de la nature et tend à
revenir au Nirvâna après plusieurs changements
cycliques.

L'ondulation de la vie est donc notre véritable
individualité, c'est notre Moi divin et spirituel,
tandis que chacune de ses manifestations natales
est une personnalité séparée, le nouveau vêtement
ou la nouvelle forme que revêt l'individualité
pour continuer son développement progressif ou,
selon un langage poétique, une des nombreuses
perles de l'unique rosaire de notre vie.

Tandis que sur la chaîne infinie de la vie nous
laissons tomber perle après perle pour passer
à une autre et que les changements se succèdent
incessamment, nous comprenons que chaque vie
avec son poids de soucis et de chagrins n'est en
réalité qu'un anneau de l'immense chaîne, et nous
reconnaissons à la fois la valeur et la nullité, la
signification profonde et l'indifférence de cette
existence passagère.

La valeur et la signification profonde, puisque
chaque acte, chaque pensée survit par ses effets
dans notre prochaine carrière, produisant un
Karma, soit pour le bien, soit pour le mal. Lorsque *nous* souffrons, c'est de notre *propre* souffrance attirée par *nous-mêmes*, sinon dans cette
vie, du moins dans celle qui a précédé, car chaque
existence antérieure est génératrice du bonheur
ou du malheur présent. Le Karma est la loi inévitable des conséquences, en d'autres mots « ce que
nous semons, nous le moissonnerons ».

Ainsi chaque vie terrestre a sa valeur par la
leçon qu'elle nous enseigne, par l'impulsion
qu'elle nous donne pour avancer et nous élever, si
elle est bien comprise et utilisée. Mais elle ne vaut
certainement pas le souci et l'agonie que nous
éprouvons trop souvent, à propos de chaque chagrin et de chaque désappointement que nous ren-
controns sur notre route, comme s'ils devaient
causer notre misère éternelle. Nous oublions que
le prochain mouvement de la lunette qui tourne
incessamment changera le dessin de notre Kalei-
doscope et que toutes les couleurs trouveront leur
vraie place et s'harmoniseront sur le triangle éternel qui leur sert de base. Chaque tour du verre
aura pour résultat de produire une forme plus

complète que la dernière, ou, en d'autres mots, d'ajouter une perle, probablement plus pure et plus blanche, à notre rosaire.

Notre vie est éternelle, mais elle est composée d'une éternité d'existences ou de manifestations à travers lesquelles court le fil de la VIE UNE. Pour être vraiment heureux, il faut que nous cherchions à bien nous rendre compte de notre condition de changements perpétuels, et alors nous apprendrons à vivre dans le MAINTENANT et à comprendre que le temps nous appartient en entier, car nous sommes les enfants de l'Eternel aux yeux de qui « mille ans sont comme un jour et un jour comme mille ans ».

Le présent est infini et l'infini est notre présent, un futur serait limité. Par conséquent, le jour dure éternellement, il nous appartient aujourd'hui et nous appartiendra toujours de même, car il est un éternel MAINTENANT (1).

Cependant nous-mêmes et toutes choses nous changeons perpétuellement. D'un instant à l'autre nous ne sommes pas les mêmes. Chaque respiration, chaque aspiration de notre souffle nous change

(1) « Les rideaux de hier tombent, les rideaux de demain se relèvent, mais hier et demain sont tous les deux ».
(Sarter Resartus.)

physiquement autant que chaque ligne que nous
lisons; chaque pensée qui traverse notre cerveau
nous change mentalement. En réalité, à la fin de
chaque jour, nous ne sommes ni moralement ni
matériellement les mêmes que nous étions au
commencement ; mais, si nous savions utiliser le
MAINTENANT qui est à nous, ce changement nous
conduirait de gloire en gloire.

Il est difficile de nous rendre compte de ce
MAINTENANT qui dure toujours, tout en changeant
perpétuellement et en produisant d'incessantes
transformations. Cela nous sera plus facile si nous
embrassons par la pensée une période de temps
moins longue et que nous rappelions à notre souvenir une seule année de notre vie qui se compose
de mois, ces mois de semaines, ces semaines de
jours, ces jours d'heures, ces heures de minutes,
ces minutes de secondes, marquées par l'incessant
battement de l'éternelle horloge du temps.

Ainsi nous verrons que tout homme parfait
est régénéré ou né deux fois et qu'il tire chaque
fois son origine du centre de la *croix*, ou de
l'Union du mâle et du femelle; d'*abord* matériellement en prenant racine en bas et en tirant de la
terre les matériaux nécessaires pour former et nour-
rir le corps ; puis de l'atmosphère vitale (décrite

sur la Planche comme esprit vivifiant) il tire le Jivatma ou vitalité qui lui donne la vie, et de là il construit la forme astrale qui existe avant que le corps extérieur ne devienne visible.

Chaque molécule de matière, quelque petite qu'elle soit, possède un esprit vital ou participe de ce JIVATMA qui n'est en aucune façon le même que l'esprit Divin de l'homme l'*Atma* ou le septième Principe, celui-ci étant « Dieu ». Sans le *troisième* principe, le LINGA SHARIRA, ou forme astrale, que les animaux possèdent aussi bien que l'homme, il n'y aurait point de corps extérieurs, car il est évident que les particules ou les atomes de la matière ne pourraient construire d'eux-mêmes sans avoir une forme sur laquelle bâtir.

« *Le simple grain comme il se rencontre, soit de blé, soit de quelque autre semence ; mais Dieu lui donné le corps comme il lui plait et à chaque semence le corps qui lui est propre* » (1 Cor. xv, 38). Le troisième principe est donc le même pour tous, car les particules de la matière ont besoin d'une forme d'homme ou d'animal : à chaque semence son propre corps.

« *Il y a un corps animal, il y a un corps spirituel. Le premier homme étant de la terre est terrestre ; et le second homme qui est le Seigneur est du ciel. Mais ce qui est spirituel n'est pas le premier, c'est ce qui est animal ; et ce qui est spirituel vient après* (I Cor. xv 44, 46, 47).

Pour devenir spirituel, pour devenir le « Seigneur du ciel », il faut que l'homme naisse une seconde fois, naisse du centre de la croix, du centre de l'Amour, de l'union des principes males et femelles, mais cette fois il nait de l'*Union spirituelle* de ces principes dans sa propre nature. C'est le sein de la Vierge *dans notre cinquième* principe, MANAS ou « l'âme humaine », qui conçoit directement du Saint Esprit. C'est la semence *de la femme* ou le principe féminin dans l'homme qui est destiné à « écraser la tête du serpent », en d'autres mots à surmonter la matérialité par la spiritualité.

Lorsque cette âme vierge sera prête à la recevoir, la semence prendra racine et germera. Alors le fils de l'homme sera « élevé » et, comme l'arbre de vie dont les branches se dirigent vers le ciel, il tirera sa nourriture d'en haut, de la lumière spirituelle répandue par l'âme Universelle et dispensée par l'Esprit divin, notre éternel père-mère, « Dieu ».

Jusqu'au moment où les substances premières sont organisées, l'homme n'existe pas en tant que

personnalité; par conséquent, il naît en premier
lieu physiquement, et ses principes inférieurs
tirent leur subsistance matérielle de la terre et
prennent racine *en bas*. Il faut alors qu'il « *naisse
de nouveau* » spirituellement. L'être spirituel doit
prendre racine au centre de l'amour (volonté), et
pour que la bonté, la sagesse, l'amour universel
se substituent à l'*amour de soi*, il faut qu'il s'élève
vers le ciel, qu'il tire sa nourriture intellectuelle
de l'entendement et la nourriture de son cœur de
la source spirituelle qui ne fait jamais défaut.

Il y a un état spirituel qui n'est pas indiqué
sur notre tableau, parce qu'il ne rentre pas dans
les sept; mais, de même que le Nirvana est au-
dessus et au-delà de ceux-ci, étant l'état suprême de
la Divinité, son antithèse qui s'appelle en sanscrit « AVITCHI » (1) peut être défini comme étant
au-dessous et au delà dans la direction opposée, s'il
était possible de localiser un *Etat*.

Il y a encore une autre échelle de *sept degrés* ou
étapes qui indique l'ascension de la terre au ciel.

L'échelle de Jacob occupe une place impor-
tante dans les symboles de la franc-maçonnerie.

(1) Selon nous, l'AVITCHI serait plutôt l'antithèse du
DEVACHAN et l'annihilation ou la « seconde mort » dont
parle l'Evangile, l'antithèse du Nirvana. (*Note du traducteur.*)

Sa véritable origine s'est perdue parmi les adora-
teurs des rites païens, mais le symbole est resté.
Chez eux on l'a toujours considérée comme composée de sept ronds qui, comme le docteur Oliver
le fait remarquer, pouvaient être une allusion aux
sept étages de la tour de Babel ou à la période
sabbatique. Dans les mystères Persans de Nithras,
l'échelle à sept ronds était le symbole de l'approche de l'âme vers la perfection. Ces ronds s'appelaient *portails* et, par allusion à cela, le candidat
devait passer à travers sept cavernes sombres et
tortueuses, ce qui s'appelait faire l'ascension de
l'échelle de la perfection. Chacune de ces cavernes
représentait un état d'existence à travers lequel
l'âme était supposée passer dans sa route progressive en s'avançant vers l'état de la vérité. Chaque
rond de l'échelle était sensé composé d'un métal
toujours plus pur et prenait le nom de sa planète
protectrice.

On peut se faire une idée de cette échelle symbolique par le tableau suivant.

7 Or	*Soleil*	Amour.
6 Argent . . .	*Lune.*	Sagesse.
5 Mercure . .	*Mercure*	Compréhension.
4 Cuivre . . .	*Vénus*	Beauté.
3 Plomb . . .	*Terre*	Chair.
2 Fer.	*Mars*	Puissance.
1 Étain. . . .	*Jupiter.*	Conseil.

Chez les Hébreux, on supposait que les ronds de l'échelle étaient infinis. Les Esséniens les réduisirent d'abord à sept, qu'ils appelèrent les Séphirottes, et dont les noms étaient : Force, Miséricorde, Beauté, Eternité, Gloire, Fondement et Royaume.

« A sa base, cette échelle touche à la terre et les anges qui sont dessus indiquent les âmes descendant dans l'incarnation et même, dit la Cabale, jusqu'aux degrés les plus bas de l'univers, jusqu'au point le plus infime de la matière, pour remonter de nouveau au ciel. Jacob (l'âme voyageuse) est *endormi* la *nuit* au pied de l'échelle, avec une pierre pour oreiller, symbole de la matière dans son état le plus bas. Le lieu a été appelé Luza ou *séparation*, ce qui signifie la place de la plus grande obscurité et de la séparation d'avec Dieu. Cependant, lorsque Jacob *s'éveille*, l'âme sait que, même dans l'abîme le plus profond de la matière, il n'y a pas de séparation réelle avec la vie Divine, de là son exclamation : « En vérité, le Seigneur est dans ce lieu! et il l'appela Béthel (maison de Dieu) et son nom était auparavant Luza (séparation) ». (Conférence du docteur A. Kingsford, président de la Société Hermétique.)

Mais pour en revenir à la Constitution de l'homme, qui nous intéresse si spécialement, il faut

nous souvenir que la doctrine Esotérique enseigne
que les trois principes supérieurs, sur les sept qui
constituent l'homme, ne sont pas encore complétement développés dans l'état actuel de l'humanité. Lorsque l'homme atteindra la perfection sur
la terre, il sera doué des sept principes et de
sept sens correspondants, ce qui a été le cas pour
quelques hommes véritablement divins et qui ont
apparu comme messagers sur cette planète.

L'Etat que nous appelons la *mort* n'a d'influence
que sur les trois premiers principes, — le corps,
la vitalité et la forme astrale. Le premier, nous
le savons, vient de la terre et retourne à la terre
pour s'y décomposer et entrer avec le temps, dans
de nouvelles combinaisons, d'où sortiront de
nouveaux corps matériels.

La vitalité qui, comme les molécules du corps,
n'est pas limitée par un principe individuel,
mais relève du principe cosmique universel, se dis-
perse également à la mort et va animer d'autres
organismes.

La forme astrale, qui est une réflexion du corps
physique, reste pendant un temps plus ou moins
long autour de la demeure qu'elle a quittée. Parfois, elle apparaît comme l'ombre du mort, présentant exactement la même apparence, mais elle finit

cependant par s'évaporer après avoir accompli
sa mission, qui est de guider le Jivatma dans son
œuvre de construction de groupement des atomes
moléculaires sur la forme voulue.

Ces trois principes inférieurs, provenant uniquement de la terre et de son atmosphère, sont
périssables en tant que *forme*, bien que indestruc-
tibles quant aux molécules qui les composent, et, à
la mort, ils se séparent entièrement de l'Être pour
aller animer d'autres organismes.

De même que l'homme, l'Univers est composé
de sept principes et c'est le principe suprême ou le
septième d'où émane ce courant non interrompu de
vie à travers la nature qui unit en une série continue les transformations innombrables de la VIE UNE.

La grande pyramide d'Egypte bâtie d'après le
triangle et le *carré* est le symbole de cet Arcane.
Sa septième pointe « *la pierre de l'angle qui a été
rejetée* » (1) s'élève glorieusement vers le ciel
comme pour percer les nues, symbole, dans tous
les temps, de la perfection du Christ ou du septième principe dans l'homme.

(1) Voyez Matth. XXI, 42.
Luc, XX, 171
Marc, XII, 10.
Psaumes CXVIII, 22.

4

Pour comprendre cette doctrine des plus anciennes, qui semble jeter tant de lumière sur l'histoire de l'humanité et rendre compte des différences, autrement inexplicables, existant entre les hommes, et qui réconcilie ces inégalités avec la justice de Dieu, il nous faut fixer notre attention sur les trois principes les plus élevés — le quatrième, le cinquième et le sixième — et voir comment l'homme sensuel s'élève graduellement à travers l'humain vers l'Être divin, ou l'humanité parfaite (en d'autres mots le Fils de Dieu). Et ne dites pas que cette perfection est impossible, qu'elle ne pourra jamais être atteinte, car alors cette injonction serait sans but et vains ces mots : « *Soyez parfait comme votre Père qui est aux cieux est parfait.* ».

Le cinquième principe, ou l'âme humaine, est la véritable personnalité de l'homme, bien que trop souvent, dans la vie terrestre, celui-ci place le centre de son être, comme nous l'avons vu, dans le quatrième principe, la VOLONTÉ, qui n'est que l'âme animale ou l'âme que les animaux possèdent aussi bien que l'homme. Ce quatrième principe ou centre des sept principes, qui constituent l'homme, est l'axe sur lequel tournent les autres.

Lorsque on a dépassé ce quatrième principe, qui est le principe le plus élevé chez l'animal, on

entre dans la région de l'Être Psychique. C'est
l'avénement du cinquième principe qui élève
l'homme au-dessus de la bête. Si la compréhension
ne prédominait pas sur la volonté, l'homme sui-
vrait son instinct et ne pourrait penser et agir
d'après la raison.

L'amour lui-même et les affections qui en
dépendent ont leur siège dans le KAMA RUPA, — le
quatrième principe, la volonté ou l'égoïsme, tandis que la science, l'intelligence, la compréhension ont leur siège dans le MANAS, — le cinquième principe, l'âme humaine. Il en résulte que
tout bien et tout mal appartiennent à la volonté; ce
qui procède de l'amour est considéré comme bien
alors même que ce serait mal, car ce qu'un homme
aime, il le veut et cela lui apparait comme bon.
La volonté est donc l'axe sur lequel tournent les
autres principes, et tels sont l'amour et la sagesse,
tels seront la volonté et la compréhension.

La volonté est le réceptacle de l'amour, et
la compréhension le réceptacle de la sagesse, et les
deux réunis déterminent la qualité de l'homme.

D'après ce qui précède, on peut s'apercevoir que
le MANAS, ou cinquième principe, n'est encore que
faiblement développé dans l'humanité actuelle où
prédomine grandement le quatrième principe, le

KAMA RUPA (l'âme animale, l'amour de soi). Si le cinquième principe, MANAS (l'âme humaine, l'intelligence ou la compréhension) est si peu développé parmi les hommes, le sixième l'est encore moins et on peut même dire qu'il n'existe en eux qu'à l'état embryonnaire.

C'est là le but auquel doivent tendre tous les efforts de notre nature intérieure et supérieure et c'est à cette perfection que nous convie Celui qui y est lui-même parvenu.

Comme nous l'avons vu, le quatrième principe, le KAMA RUPA, est l'axe sur lequel tournent tous les autres. Dans son état primitif et naturel, il n'est qu'*animal*, mais à mesure qu'il s'unit au cinquième principe il arrive à être guidé par la raison et la compréhension, et il devient *humain*.

Avec le temps, il arrivera à être suffisamment développé pour s'unir au sixième principe, le BOUDDHI (la conscience spirituelle ou l'âme Christ).

Alors, éclairé par la sagesse et la pureté divines, la nature de son amour changera; il passera de l'amour de soi, qui engendre trop souvent la haine, à l'amour universel, la charité ou l'amour de Dieu, qui est l'amour de l'humanité.

Le septième principe, l'ATMA, est L'ESPRIT DIVIN LUI-MÊME.

En considérant la chose sous un autre point de vue, on pourrait dire, avec une égale vérité, que le sixième principe (l'âme spirituelle) ou *anima divina*, est le véhicule de l'esprit divin, tandis que le quatrième (l'âme animale) *anima bruta*, est le véhicule du cinquième (l'âme humaine, la compréhension).

Ou bien nous pourrions regarder chacun des principes supérieurs en commençant par le quatrième comme le véhicule de la Vie-Une ou de l'Esprit.

La division de la constitution de l'homme en sept principes, explique d'une manière satisfaisante les grandes inégalités qui existent entre les hommes. Elle montre que ces inégalités ne sont pas le fait d'une distribution arbitraire des faveurs divines, mais qu'elles résultent de l'état d'avancement ou de développement auquel chacun est parvenu. Par là, nous comprenons que toute l'humanité marche sur la route qui lui permettra d'atteindre le principe le plus élevé, l'âme divine et d'entendre une fois ces paroles ineffables :

« Tu es mon Fils bien-aimé ».

Tous les hommes se trouvent et doivent nécessairement être sur des degrés divers de la même échelle qui conduit au ciel, tous sont à la

même École. Mais chaque élève doit commencer
par se placer sur le siège le plus bas de la dernière
classe. Puis, lorsqu'il est arrivé au sommet de
cette classe, il passe à la suivante. Il n'y a pas
d'exception, tous doivent parcourir le même chemin. Il y en a qui resteront à l'École plus longtemps que les autres, et ceux qui ne pourront pas
dépasser la classe inférieure finiront par être
bannis et seront condamnés à porter des oreilles
d'âne s'ils se refusent à progresser.

Dans certains cas, les oreilles d'âne pourraient
signifier une véritable rétrogression, un recul jusqu'au plan animal, doctrine qui a été professée
par quelques anciennes religions. Et même, si
l'âne s'endurcit dans sa méchanceté, s'il rue sous
le bâton et préfère les chardons à l'avoine alors
qu'il a atteint la *connaissance* d'une meilleure
nourriture, il peut tomber encore plus bas et être
condamné à ramper dans ses mauvais désirs sur
l'échelle *descendante* des existences comme un
être malfaisant et vil ! (« Tu ramperas sur ton
ventre et tu mangeras la poussière »).

Une excellente définiton du mal serait de dire
qu'il est la LOI de la *nature inférieure* opérant
encore chez ceux qui ont atteint une place supérieure.

D'après cela, les formes rampantes les plus basses ont leur utilité. Elles sont comme le réceptacle des mauvaises tendances et des mauvaises passions et servent, en quelque sorte, à purifier l'atmosphère qui, sans cela, serait empoisonnée au point que les bons et les purs ne pourraient respirer.

Le mal se trouverait ainsi graduellement éliminé de la planète sur l'échelle descendante, retournant finalement à la poussière d'où il est venu, pour subir de nouveaux procédés de purification.

« Le mal est le fils obscur de la terre (matière) et le bien la ravissante fille du ciel (esprit) », dit le philosophe chinois, par conséquent « le lieu de punition de la plupart de nos péchés est bien la terre, c'est leur lieu de naissance et le théâtre de leur activité. »

En traitant du Bouddhisme ésotérique, notre intention a seulement été de faire un tableau de la constitution de l'homme et de l'univers et de montrer de quelle manière cette théorie concorde avec les enseignements spirituels et physiques des différentes écoles ou religions. Nous serions fortement tentés de citer, comme corollaire et complément de ce que nous venons de dire, des passages du remarquable volume de M. Sinnett, qui traite de

la chaîne planétaire septenaire où se déroulent nos
vies successives, mais le sujet est d'un si grand intérêt qu'il risquerait de nous entraîner au delà des
limites que nous nous sommes fixées. Nous devons
donc nous borner à indiquer rapidement ce qu'est
ce circuit, ou cette ronde, à travers laquelle toutes
les entités individuelles spirituelles doivent passer
et qui constitue l'évolution de l'homme.

Ce mouvement du progrès en spirale (ou spirituel), par impulsion vitale, développe en même
temps les différents règnes de la nature et donne
l'explication des vides ou (liens manquants) que
l'on peut observer parmi les formes qui couvrent
la terre de nos jours (1).

« La spire d'une vis qui est un plan uniforme
incliné ressemble, de fait, à une succession de
degrés, si on l'examine à côté d'une ligne parallèle à son axe. Les monades spirituelles qui arrivent par le circuit du système au niveau de l'ani-
malité, passent à d'autres mondes lorsqu'elles ont

(1) « Spirale, dans son étymologie, est analogue à esprit
ou spirituel. Esprit et mouvement ont un rapport intime;
dans un sens, ce sont des idées identiques. La spirale est
le type du progrès spirituel, de la *volution*; en latin *volos*,
rouler ou tourner; de là évolution, enroulement extérieur,
et involution, enroulement intérieur. »

(*Universologie*, par Stephen Pearl Andrews.)

accompli leur tour d'incarnation animale...
Quand vient le temps où elles reparaissent, elles
sont prêtes pour l'incarnation humaine et il n'y a
plus de nécessité alors pour le développement
supérieur des *formes* animales en *formes* humaines, puisque celles-ci attendent déjà leurs habitants spirituels.

« ...C'est pour ne pas s'être rendu compte de
cette idée que la spéculation au sujet de l'existence
physique se trouve si souvent arrêtée par des
murs. Elle cherche les anneaux qui manquent
dans un monde où elle ne pourra plus les trouver
aujourd'hui, car leur utilité n'a été que temporaire et ils ont disparu. L'homme, disent les Darwiniens, était autrefois un singe. C'est vrai, mais
le singe, connu par les Darwiniens, ne deviendra
jamais un homme, c'est-à-dire sa *forme* ne changera pas d'une génération à l'autre avant que sa
queue n'ait disparu, que ses mains inférieures ne
soient devenues des pieds, et ainsi de suite.

« Ces formes intermédiaires ont été nécessaires
à une époque, mais il était inévitable qu'elles
fussent temporaires et qu'elles disparussent, autrement le monde serait encombré de ces « liens
manquants » de toutes sortes et la vie animale
rampante, à tous les degrés, se mélangerait dans

une confusion indescriptible avec les formes humaines... Les formes qui, jusqu'alors, s'étaient
bornées à se répéter pendant des milliers de siècles, prennent un nouvel élan de croissance et
fournissent des habitations de chair pour les entités spirituelles qui arrivent sur chaque plan de
l'existence, et comme il n'y a plus de demande
pour les formes intermédiaires, elles disparaissent
inévitablement... L'homme, tel que nous le connaissons sur cette terre, n'est qu'à mi-chemin du
processus évolutionnaire auquel il doit son développement actuel. Avant que la destinée de notre
système soit accomplie, il y aura autant de distance entre ce qu'il sera et ce qu'il est maintenant
qu'entre l'homme actuel et le lien disparu. Ce
progrès s'accomplira même sur cette terre, tandis
que dans d'autres mondes de la série ascendante
il y a encore des pics plus élevés à escalader. Il
est tout à fait impossible, avec des facultés qui
n'ont pas appris à discerner les mystères occultes,
de se figurer la vie que l'homme mènera avant que
le zénith du grand cycle soit atteint. »

(Esoteric Bouddhism, pages 37 et 43).

« L'homme est évolué à travers une succession
de rondes (progression autour de la série des mon-

des) et sept de ces rondes sont nécessaires pour
accomplir la destinée de notre système. La ronde
actuelle est la *quatrième*. Il y a des considérations
du plus grand intérêt qui se rapportent à la connaissance de cette question, parce que chaque
ronde est, pour ainsi dire, *spécialement chargée*
de faire prédominer l'un des sept principes dans
l'homme selon l'ordre régulier de leur gradation
ascendante... Une unité individuelle qui, au cours
d'une ronde, arrive pour la première fois sur une
planète, doit traverser sept races sur cette même
planète avant de passer à la suivante, et chacune de
ces races occupe la terre pour un temps très long...

« Nous qui vivons maintenant sur la terre, —
c'est-à-dire la grande masse de l'humanité, car il
y a des cas exceptionnels que nous considérerons
plus tard, — nous traversons la cinquième race
de la quatrième ronde. Et cependant l'évolution
de cette cinquième race a commencé il y a environ
un millier d'années... Chaque race se subdivise
en sept sous-races et chaque sous-race en sept branches de races... Chaque fois qu'une unité individuelle humaine, dans la ronde du progrès à travers le système planétaire, touche à la terre, elle
doit traverser toutes ces races. »

(Bouddhisme Esotérique, pages 48, 49).

« Il est facile de comprendre que tous les mondes de la chaine à laquelle appartient cette terre
ne sont pas préparés pour une existence matérielle
exactement semblable, ou même approchant de la
nôtre. Une chaîne de mondes organisés qui seraient
tous semblables et pourraient aussi bien se fondre
en un seul, n'aurait aucune raison d'être. En réalité, les mondes auxquels nous sommes liés sont
très différents les uns des autres, non seulement
quant à leur situation extérieure, mais sous le
rapport de cette caractéristique suprême — la proportion dans laquelle l'esprit et la matière se trouvent mélangés dans leur constitution. Notre monde
nous présente des conditions où l'esprit et la
matière sont, après tout, suffisamment équilibrés,
mais il ne faut pas en conclure qu'il soit très élevé
sur l'échelle de la perfection ; au contraire, il y
occupe une place très inférieure. Les mondes les
plus élevés sur l'échelle sont ceux où l'esprit prédomine dans une large mesure.....; celui qui est le
plus en arrière, comme celui qui est le plus en
avant, sont les plus immatériels, les plus éthérés
de toutes les séries. On trouvera que ceci est tout
à fait rationnel en réfléchissant que le monde le
plus avancé n'est pas une région de finalité, mais
la marche qui conduit au plus arriéré, comme le

mois de décembre nous ramène à janvier. Il ne
s'agit cependant pas d'un point de développement
où la monade individuelle tombe, comme par une
catastrophe, dans l'état d'où elle avait évolué len-
tement des millions d'années auparavant. Il n'y a
pas descente, mais toujours montée et progrès.
L'entité spirituelle qui s'est frayé son chemin
autour du cycle d'évolution, quelles que soient les
étapes de développement dans lesquelles les
diverses existences qui nous entourent puissent
être groupées, commencera son prochain cycle à
l'étape suivante supérieure et, par conséquent, elle
accomplit encore un progrès lorsqu'elle revient en
arrière du monde Z au monde A. Plusieurs fois
elle décrit ainsi un cercle autour du système, mais
il ne faut pas considérer ce passage comme une
simple révolution circulaire dans un orbite. Dans
l'échelle de la perfection spirituelle l'entité monte
constamment ....

« Le processus s'accomplit de la manière suivante dont le lecteur se rendra mieux compte s'il
construit, soit sur le papier, soit dans son esprit,
un diagramme composé de sept cercles (représentant les mondes) arrangés sous forme d'anneau.

« Nous les appellerons A, B, C, D, etc. On remarquera, d'après ce qui a déjà été dit, que le cercle

(ou globe) D représente notre terre (étant le quatrième sur les sept). Il ne faut pas oublier que les
règnes de la Nature, selon les occultistes, sont au
nombre de sept, trois ont affaire avec les forces
astrales et élémentaires qui précèdent les règnes

de la matière grossière. Le premier règne évolue
sur le globe A et passe à B lorsque le second règne
recommence à évoluer sur A. En poursuivant le
calcul sur cette base, on verra que le premier règne
évolue encore sur le globe G, tandis que le septième
règne, le règne humain, passe du globe A au
globe B. Mais alors qu'arrive-t-il lorsque le sep-

tième règne passe du globe A au globe B ? Il n'y a pas de huitième règne pour absorber les activités du globe A.

« Le grand processus de l'évolution atteint son apogée avec la marée finale de l'humanité qui, après avoir passé, laisse derrière elle une léthargie temporaire de la Nature.

« Lorsque la vague de la vie arrive sur B, le globe A tombe alors dans un état d'obscuration. Ce n'est pas un état de décomposition, de dissolution, ni rien que l'on puisse proprement appeler la mort.

« La décomposition, dont l'aspect peut parfois induire l'esprit en erreur, est une condition d'activité dans une certaine direction. Cette observation peut jeter beaucoup de jour sur certains points de la mythologie hindoue ayant rapport aux divinités qui président à la destruction et qui, sans cela, n'auraient aucun sens.

« L'obscuration d'un monde est une suspension totale de ses activités.

« D'énormes périodes de temps sont nécessaires pour ce long processus qui plonge le monde dans le sommeil, car on verra que, dans chaque cas, l'obscuration dure six fois aussi longtemps que la période pendant laquelle la marée humaine a occupé le monde.

« Le processus qui s'accomplit, comme nous
venons de le décrire, par rapport au passage de la
vague de la vie du Globe A sur le Globe B se
répète tout le long de la chaîne. Lorsque la vague
passe à C, B tombe en obscuration aussi bien que
A. Alors D reçoit le flot de la vie et A, B, C, sont
en obscuration. Lorsque la vague atteint G, les
six mondes précédents sont en obscuration. Pendant ce temps la vague de la vie passe, selon une
certaine progression régulière dont le caractère
symétrique est très satisfaisant pour les instincts
scientifiques. En ne perdant pas de vue l'explication qui vient d'être donnée, le lecteur sera préparé à saisir de suite l'idée de la manière dont
l'humanité évolue à travers sept grandes races
pendant chaque période de Rondes sur une planète, c'est-à-dire pendant que la vague de la vie,
occupe cette planète. La quatrième race est évidemment la race du milieu des séries. Aussitôt que le
point est tourné et que l'évolution de la cinquième
race sur une planète donnée commence, la prépa-
ration à l'humanité débute sur la suivante. Par
exemple, l'évolution de la cinquième race sur E
est proportionnée à l'évolution, ou plutôt au
renouvellement du règne minéral sur D et ainsi
de suite. En conséquence, l'évolution de la sixième

race sur D coïncide avec le renouvellement du
règne végétal sur E ; la septième race sur D avec
le renouvellement du Règne animal sur E ; et
alors lorsque les dernières monades de la septième
race sur D ont passé à l'état subjectif, ou monde
des effets, la période humaine débute sur E, et la
première race commence à s'y développer. Pendant ce temps, la période crépusculaire du monde
qui précède D s'est accentuée de la même manière
progressive jusqu'à la nuit, et l'obscuration a été
définitive lorsque la période humaine sur D a
dépassé le milieu de son évolution. Le Réveil de
la Planète est un processus plus vaste que sa descente dans le repos, car, avant le retour de la vague
humaine, elle doit arriver à un degré de perfection
supérieur à celui qu'elle avait atteint lorsque,
pour la dernière fois, la vague a quitté son rivage.
Mais à chaque nouveau commencement, la nature
est pénétrée d'une vigueur qui lui est propre.
C'est la fraîcheur du matin. De même que, si
l'on considère la chaîne des mondes comme une
Unité, elle a ses pôles Nord et Sud ou spirituel
et matériel, c'est-à-dire évoluant de la spiritualité
pour descendre à travers la matérialité et remonter à la spiritualité, ainsi les rondes de l'humanité
constituent une série semblable dont la chaîne des

5

Globes, peut être prise comme le symbole. Dans
l'évolution de l'homme sur un plan, comme sur
tous les autres, il y a de fait un Arc descendant et
un Arc ascendant; l'esprit s'enveloppant, pour ainsi
dire, dans la matière et la matière se développant
jusqu'à l'esprit. Le point le plus bas et le plus
matériel du Cycle devient ainsi le sommet inter-
verti de l'intelligence physique qui est la manifestation voilée de l'intelligence spirituelle. Chaque
Ronde de l'humanité évoluée sur l'Arc descendant
(comme chaque race de chaque Ronde si nous
allons jusqu'au plus petit plan du Cosmos), doit,
par conséquent, être *physiquement* plus intelligente que celle qui l'a précédée, tandis que chaque
Ronde de l'Arc ascendant doit posséder des conditions mentales plus raffinées, unies à une intuition *spirituelle* plus grande.

« Par conséquent, dans la première Ronde, nous
trouvons que l'homme est un être relativement
éthéré, même comparé sur la terre à l'état qu'il a
atteint ici, il n'est pas intellectuel mais supra-
spirituel.

« De même que les formes animales et végétales
qui l'entourent alors, il habite un corps immense
mais dont l'organisation est peu condensée. Dans
la seconde ronde, il est encore gigantesque et

éthéré, mais son corps se resserre et devient plus ferme — en un mot, il devient plus physique, mais toujours moins intelligent que spirituel. Dans la troisième ronde, il a développé un corps tout à fait concret et compact qui ressemble plutôt à un singe géant qu'à un véritable homme, mais dont l'intelligence progresse de plus en plus. Dans la seconde moitié de la troisième ronde, son immense stature décroît, la texture de son corps se perfectionne et il commence à être un homme rationnel.

« Dans la quatrième ronde, l'intelligence, alors complétement développée, fait d'énormes progrès. Les premières races de cette ronde commencent à acquérir ce que nous appelons le langage humain. Le monde abonde en résultats de l'activité intellectuelle et du déclin spirituel. A mi-chemin de la quatrième ronde, *on a passé le point polaire de toute la période septenaire des mondes* (1). C'est alors que le Ego spirituel commence à livrer sa

(1) On nous dit que nous sommes maintenant à mi-chemin de la cinquième race de la quatrième ronde, en sorte que nous aurions passé le point polaire du développement de l'humanité. Il est aussi affirmé sur la foi des autorités occultistes les plus élevées que *la race* actuelle de l'humanité, la *cinquième* race de la quatrième ronde, a commencé à évoluer il y a environ un million d'années.

véritable bataille entre le corps et l'esprit pour
manifester ses puissances transcendantales. Le
combat continue dans la cinquième ronde, mais
les facultés transcendantales se sont grandement
développées par leur lutte avec les tendances et
l'intelligence physique, lutte qui est plus terrible
que jamais, car dans la cinquième ronde l'intellect aussi bien que la spiritualité sont en avance
sur ceux de la quatrième. Dans la sixième ronde,
l'humanité atteint à un degré de perfection du
corps et de l'âme, de l'intelligence et de la spiritualité que les mortels de l'époque actuelle ne
peuvent se représenter.

« Le type ordinaire de l'humanité d'alors réali-
sera la combinaison la plus élevée de sagesse, de
bonté et d'illumination transcendantale que le
monde ait jamais vu ou pu s'imaginer. Les facultés qui, aujourd'hui, — par une rare efflorescence
de la génération, — permettent à quelques êtres
exceptionnellement doués (1) d'explorer les mys-

(1) Les MAHATMAS (grandes âmes) sont les adeptes les
plus élevés dans l'occultisme et dans toute la science et
la sagesse théosophiques. Partout dans le monde il a toujours existé des occultistes, ou des fraternités occultes,
mais la fraternité du Thibet, dont le quartier général se
trouve dans les parties les plus inaccessibles des monts
Hymalaya est, à ce que l'on nous dit, la plus élevée de
ces associations. Le degré d'élévation qui constitue un

tères de la Nature et de posséder des connaissan-
ces dont quelques miettes sont offertes ici (et ailleurs) au monde ordinaire, — seront alors l'apa-
nage de tous. Quant à ce que sera la septième
ronde, nous n'en avons pas la plus petite idée, car
les maîtres occultistes les plus disposés à faire
part de leur science sont absolument silencieux
sur ce point. »

Comme M. Sinnett le fait remarquer, celui qui
étudie le Bouddhisme ésotérique doit se préparer
à traiter d'estimations qui se comptent par des
millions d'années et plus. Il résulte des passages
que nous venons de citer, que nous traversons
maintenant la *cinquième* race de la *quatrième*
ronde et que, par conséquent, nous venons seulement de dépasser le milieu ou le pôle de toutes les

Mahatma, un frère, ou un maître, comme on les appelle,
n'est atteint qu'à la suite de longues et de pénibles épreu-
ves d'une grande sévérité. Le but suprème de l'Adeptat,
c'est d'atteindre le développement spirituel. Les connais-
sances ésotériques orientales sont bien antérieures au
passage de Gautama Bouddha sur la terre.

Jusqu'à présent, elles ont été gardées avec un soin
jaloux, mais il semble qu'aujourd'hui le monde est considéré mûr pour une partie de leur divulgation. Une chose
digne de remarque, c'est que le grand mystique euro-
péen Swedenborg parle des « *Livres perdus de Jehovah* »
qui, si on les cherche, « se trouveront dans le Thibet ».

sept rondes. Lorsque nous nous souvenons qu'à
chaque ronde est spécialement dévolue la tâche de
« faire prédominer un des sept principes dans
l'homme, selon l'ordre régulier de leur gradation
ascendante », nous serions heureux de penser que
le pire du voyage est maintenant passé. Mais, hélas !
il est aisé de s'apercevoir que la race actuelle de
l'humanité appartient encore au quatrième principe,
le Kama Rupa ou l'âme animale, la *Volonté* ou
le *Ego*, qui est de la race de l'égoïsme ou de
l'amour de soi, c'est-à-dire l'opposé de l'amour
divin ou de l'humanité, alors que le moi se perd
dans l'universel, que l'humain est absorbé dans le
divin. Au point central du développement de la
race auquel nous sommes arrivés, ce point tour-
nant de l'histoire du monde, l'AME SPIRITUELLE
ou sixième principe, commence sa véritable lutte
de l'esprit contre le corps, autrement dit du quatrième et du cinquième principe, de la VOLONTÉ
animale avec l'INTELLECT humain, et elle manifes-
tera graduellement ses puissances transcendantales, car sa destinée est de transformer nos êtres
terrestres en êtres célestes, de faire des fils de
l'homme ou de la terre des fils de Dieu ou du
ciel. Ne peut-on pas considérer cela comme l'Immaculée conception, la naissance de l'Enfant

divin dans la crèche ou l'étable, qui sont la
demeure de la nature animale? A en juger par le
temps que nous avons mis depuis notre point de
départ (quel qu'il soit), pour devenir ce que nous
sommes aujourd'hui, on peut supposer qu'il s'é-
coulera des millions d'années avant que cette ges-
tation ou cette naissance divine soit accomplie.
Nous pouvons néanmoins nous consoler par la
pensée que le plus mauvais est passé et que,
quelle que doive être encore la durée de nos jours
d'école, ils se passeront cependant dans de meilleures conditions, puisque la cinquième ronde,
celle du cinquième principe, MANAS, où l'*intellect*,
la *compréhension de la vérité*, approche; alors l'Esprit de vérité nous guidera en toutes choses et ce
sera l'avénement de la NOUVELLE DISPEN-
SATION.

Dans le Bouddhisme ésotérique, nous trouvons
une explication scientifique des plus complètes de
toutes les phases de l'existence. Nous y voyons comment la doctrine la plus ancienne de la transmigra-
tion, combinée avec la théorie moderne de l'évolution, peut rendre compte de tous les événements et
de toutes les circonstances physiques, mentales et
morales. Bien loin que l'univers ait été le produit
du *fiat* d'un Etre omnipotent, on voit qu'il a été

le résultat d'une croissance, d'une décomposition
et d'une renaissance éternelles. Nous n'essayerons
pas de chercher ici dans quelle mesure ces idées,
recueillies parmi les annales d'une « Religion
éternelle » que l'on dit avoir été conservée à travers les siècles par les Mahatmas, paraîtraient
acceptables à la théologie moderne.

En tous cas, elles semblent de nature à pouvoir
être favorablement accueillies par la science.

Toutes les lois de la nature manifestent une
intelligence infinie et une exactitude mathéma-
tique, et si nous examinons soigneusement les
étapes successives de la nature, nous trouverons
que toutes ses opérations s'accomplissent dans un
esprit aussi sérieux que tendre ; qui est même,
dirons-nous, l'essence de la pensée et de l'amour.

Dans notre compréhension limitée, le principe
suprême de l'existence ne peut être défini que
comme une intelligence omnipotente dont l'omni-
potence est toujours dirigée par son amour et par
une sagesse infinie.

Plus nous chercherons à approfondir les lois de
l'existence, plus nous trouverons qu'elles sont les
lois de la sagesse, de la justice et de l'amour
absolus.

COMPARAISON

DE LA

Philosophie Sankhya

AVEC LE BOUDDHISME ÉSOTÉRIQUE

~~~~~~

Retournons maintenant à une théosophie plus ancienne que le système du Bouddhisme que nous venons d'examiner, au système de Kapila, connu sous le nom de philosophie Sankhya :

« La nature (Prakriti), la racine (des formes matérielles), n'est pas produite.

« Le Grand Un (*Mohat Buddhi* ou intellect) et le reste (qui en sort) sont sept (substances), produisant et produites. Seize sont productions (seulement). L'âme ne produit ni n'est produite.

« De la nature (Pakriti) sort le grand principe (*Mohat* intellect) et de là le Ego ou conscience ; d'elle (conscience) tout l'assemblage des seize principes ou entités et, de cinq sur ces seize, les cinq éléments grossiers.

Voici le tableau des catégories du système Sankhya :

« 1. Prakriti ou matière première le ὕλη de la philosophie grecque.

« 2. Mohat ou Buddhi (intellect).

« 3. Ahankara, le Ego ou conscience.

« 4. Les cinq éléments subtils (Taumatia).

« 5. Les cinq éléments grossiers : l'éther, l'air, la terre, la lumière ou le feu, l'eau.

« 6. Les cinq sens.

« 7. Les cinq organes de l'action.

« 8. Le Manas (intelligence) qui est le premier des organes internes et qui reçoit les impressions faites sur les sens. Il devrait être classé avec le *Buddhi* et le *Ahankara*, car il compose avec eux les trois organes internes.

« 9. L'âme *Atman* (Purusha), qui est tout à fait distincte de Prakriti (nature), forme avec la nature et ses émanations les vingt-cinq *tattwas* (catégories) de la philosophie Sankhya. Celui qui les comprend complétement est arrivé à l'état le plus élevé que l'homme puisse atteindre dans la vie présente, et en quittant son corps à la mort, il ne connaîtra plus les naissances.

(Voyez « *The Sankhya Karika of Iswara Krishna
an Exposition of the System of Kapila.* »)

Le rapport qui existe entre le Bouddhisme ésotérique et la philosophie Sankhya a entraîné les
théosophes de l'Occident dans une discussion avec
les partisans du Bouddhisme ésotérique et cette
controverse n'est pas encore arrivée à une conclu-
sion. Il est par conséquent intéressant d'étudier
davantage une philosophie dont la grande antiquité et la durée persistante montrent qu'elle est un
développement naturel de l'esprit Aryen. Dans ce
but, nous ferons les citations suivantes, tirées des
« Religions indiennes » de Johnson :

« On sait peu de chose sur Kapila, dont le nom,
synonyme de feu, tient le milieu, comme les noms
des autres fondateurs des écoles hindoues, entre la
mythologie et l'histoire. On ne peut attribuer
l'origine de son système à aucun état spécial.

« La philosophie Sankhya est rationaliste. Elle
définit avec soin les principes d'une véritable dia-
lectique pour la découverte de la vérité.

« Kapila était un positiviste *à la manière hindoue.* Il ne se préoccupait pas du tout de la
recherche d'une cause première... Il ne se deman-
dait pas comment les choses étaient arrivées ici,
mais ce qu'elles étaient et *dans quel but* elles

existaient. Il prenait les réalités qu'il sentait et
voyait, en référait à certains principes de base,
comme élémentaires et substantiels, et en faisait
son point de départ... Il trouva que ces substances élémentaires sont au nombre de deux et essentiellement distinctes : l'une qui représente le
matériel dans lequel sont façonnées les expériences complexes de la conscience actuelle;
l'autre, son *témoin* constant et inviolable, qui
représente l'*essence idéale* pour laquelle la première existe et qui lui donne sa valeur par la
vertu de sa présence supérieure.

« On a généralement traduit Prakriti par les termes de « nature » et « matière ». Mais cela ne signifie
certainement ni la nature ni la matière dans le
sens que l'on donne maintenant à ces termes :
Prakriti (1) signifie principe élémentaire, une
essence originelle existant par elle-même ; et dans
ce sens « *Mula* (la racine) *prakriti* » est pris par
Kapila comme représentant le substratum de toute
expérience, à l'exception de Purusha, ou *âme* qui
est l'autre substratum, le principe fondamental
idéal pour lequel il existe.

« Prakriti n'est pas la matière brute visible et

_____

(1) De « pra » avant et « kri » faire (pro-créer) indicatif
de la pré-existence, force productrice.

divisible, mais ce premier principe qui était aussi
enseigné en Grèce par Pythagore, Platon, Aristote, et qui, de fait, n'a aucune propriété de corps
(Wilson Kârikâ, page 82). Il est répandu partout,
immuable, un, sans cause ni fin. Il enveloppe et
développe les sens sans être lui même un *sens* distinct de l'esprit. Il contient et développe aussi
l'*intelligence* et non point dans un sens matérialiste comme un simple produit extérieur de son
pouvoir créateur, — car le grand principe positif
de Kapila est que, *comme il n'y a aucune production de quelque chose venant de rien*, l'effet pré-
existe déjà dans la cause, et le semblable ne vient
que du semblable, exactement comme l'art du
sculpteur ne peut produire que la manifestation
de l'image qui était déjà (idéalement) dans la
pierre. L'esprit (mind), par conséquent, *pré-
existe dans l'essence de Prikriti,* en sorte qu'il ne
peut pas être uniquement de la matière distincte
de l'esprit. Mais Prakriti ne développe les sens et
l'esprit (mind) que par la présence et le but de
l'*âme,* qu'il ne faut pas non plus confondre avec
l'esprit (mind) et qui est ainsi développée sous
une forme instrumentale seconlaire mélangée
encore aux sens...

« De ce premier principe ou « racine élémen-

taire », de cette essence immuable de toutes choses
émane ce que Kapila appelle « les sept principes
produits et producteurs, changeants, intelligents
et se fondant de nouveau dans leur cause. » On les
appelle *Vikriti* (de *Vi* différemment, et *Kri* faire),
indiquant qu'ils ne sont pas des produits extérieurs sortis de rien, mais plutôt des modifications
de la racine elle-même.

« Ce sont : 1° « Mahat » le grand Un, appelé
aussi Buddhi ou *Compréhension*, ce qui signifie
sans doute l'esprit (mind) dans ses relations ac-
tives et les limitations qui en sont la conséquence;
de là, 2° Ahankâra, conscience de soi ou *égoisme*;
de là, 3° cinq « rudiments subtils » qui sont la
base de notre connaissance du son, du toucher, de
l'odorat, de la forme et du goût.

« Et ces sept puissances ont en potentialité pour
nous, ou, comme dit Kapila, produisent les cinq
organes de la sensation, les cinq organes de l'action, et les cinq éléments grossiers, ou formes
inférieures de la matière, auxquels s'ajoute « le
Manas » ou intellect (mind) comme récipient et
élément sensitif qui les rapporte à une seule
conscience. Ces derniers sont produits, mais non
productifs. Les organes extérieurs des sens s'appellent *portails* ou portes, tandis que les forces

intérieures plus élevées qui font d'eux leur moyen de communication, — c'est-à-dire, la compréhension, la conscience personnelle et la sensibilité, — s'appellent *gardiens*.

« Celui qui connaît ces vingt-cinq principes, dit Kapila, est libéré, quel que soit l'ordre de la vie (sociale), dans lequel il est entré ».

« Selon les autorités de la philosophie Sankhya, la principale erreur que l'on commet à propos de la nature de l'âme, c'est de la confondre avec la matière ou avec un produit quelconque de Prakriti. « L'âme, dit Kapila, est quelque chose d'autre que le corps, puisque ce qui est combiné, et par conséquent séparable, existe en vue d'une autre chose qui est inséparable. » « L'âme n'est pas matérielle parce qu'elle est l'*expérimentateur* et la cause de surveillance sur la nature. »

« Ailleurs : le principe de la puissance de perception intelligente (mahat) est capable de distinguer entre Purusha et Prakriti ; et, en le faisant, reconnaît l'âme comme supérieure à la nature et à lui-même par le fait qu'elle est une *intelligence* dans un sens plus élevé que lui-même. Car, d'après Kapila, il ne faut pas confondre l'âme avec l'intellect (mind) ; car elle a une forme de connaissance plus élevée, une vision pure, indépendante et non troublée. « L'âme est le voyant, le spectateur le témoin. »

Ceci n'est-il pas une allusion à l'*intuition* comme distincte de l'*opinion*, à la raison la plus élevée par contraste avec les limites de la compréhension ?

« J'ai dit que Kapila était un positiviste à la manière hindoue. Mais il n'était certainement pas un matérialiste. La philosophie Sankhya a, sous beaucoup de rapports, une méthode et une foi transcendantales.

« Qu'est-ce donc que l'âme ?

« Une *possibilité idéale* qui réside en nous, comme la substance réelle de nous-mêmes, que les erreurs et les taches de la vie ne peuvent entamer, que ses découragements ne peuvent abattre et qui les contemple avec sérénité dans leur extériorité réelle et séparés, pour ainsi dire, de sa propre essence. »

Dans la citation ci-dessus, le mot âme est employé pour indiquer le principe le plus élevé de tous que *nous* appelons Esprit, en sorte que *nos* mots équivalents pour Purusha et Prakriti ne sont pas Ame et Substance, mais Esprit et Ame qui, tous les deux, sont au-dessus du fluide Astral ou Akasa, qui est la substance immédiate ou le substratum de la nature.

Prakriti n'est pas la matière, mais l'essence po-
tentielle de la nature. On peut définir Purusha et
Prakriti auprès des penseurs occidentaux comme
Dieu ou Dieu lui-même, Dieu dans la création.
Comme l'Etre et l'Existence ou comme la *Subsistance* et l'*Existence*. En tant que subsistance,
Dieu est Un; en tant qu'Existence, il est Deux. Il
est la vie, et ELLE est la substance. Il est l'esprit
et Elle est l'Ame et la substance de toutes les
âmes. En Dieu, elle est la Sagesse divine, soit
THEO SOPHIA. En l'homme, Elle *était* Eve, et Elle
doit devenir la Femme Immaculée dont la semence doit écraser la tête du serpent ou le principe inférieur de la matérialité.

Elle est le ROSIT ou *Berasit* du premier chapitre
de la Genèse que l'on a généralement traduit par
« le commencement », mais qui signifie le *Principe* dans lequel Dieu aurait créé les cieux et la
terre (Chap. IV. 1).

Ainsi elle est la grande profondeur de l'Infini
et sur ses eaux régnait l'obscurité, jusqu'à ce que
Lui, l'esprit ou la vie, commença à se mouvoir,
comme il le fait à chaque nouvel acte de la création.

Ainsi elle est le sein ou l'Arche (Archë) d'où
procèdent toutes les créatures, car c'est la substance spirituelle qui dans sa profondeur est Dieu,

6

mais qui, en se coagulant extérieurement, devient
la matière — mater (la grande Mère) Mare —
Maria — l'amertume de la grande mer dans son
mouvement perpétuel. Car c'est dans le flot de ses
eaux qu'elle purifie le mal à travers plusieurs
naissances et construit le bien à l'image du Dieu
dualité, et c'est ainsi qu'elle est la mère de tout
ce qui vit.

C'est pour cela que mystiquement elle est appelée la Vierge Mère Bénie et qu'on la représente
toujours vêtue de la couleur bleue et pure des
cieux, portant dans ses bras l'âme enfant régé-
nérée, conçue et née de sa propre substance im
maculée. Et de là elle est appelée la Mère de Dieu
dans l'Homme. Et jusqu'à ce qu'il soit né de nouveau d'elle, par cette *conception immaculée* de
l'intuitio. pure et vierge de sa propre âme, il n'est
pas encore l'homme complet.

Pour passer du plan physique au plan spirituel, il faut qu'il la reconnaisse pour la meilleure
moitié de lui-même, cette Eve qui a été séparée
de lui pendant son sommeil lors de sa descente
dans la matière ou la matérialité. Il faut qu'en
s'éveillant de ce sommeil, il retrouve sa nature
supérieure, son ame spirituelle et qu'il ajoute son
intuition à son intelligence.

Cette union de l'esprit et de l'âme dans l'homme est décrite dans l'Ecriture sous l'Allégorie du mariage du Fils du Roi, et par le miracle de l'eau changée en vin aux fêtes de la noce. Elle est représentée aussi dans la célébration de la messe par le pain Eucharistique qui, comme la déesse des anciens, Cérès, symbolise l'âme productive, l'élément passif et féminin, tandis que le vin, symbolisé chez les anciens par Bacchus, signifie le principe masculin spirituel qui pénètre et inspire. Le Paten signifie le soleil avec son disque radieux et le Calice la lune, le sein qui contient. A un moment particulier de la messe, ces deux objets changent de place et s'entrecroisent, ce qui signifie l'union, puis de nouveau, au Pace, le prêtre brise l'hostie et la met dans le calice, ce qui signifie le mariage du spirituel et du terrestre, l'union de l'esprit et de l'âme, du divin avec l'humain, d'où sera conçu et naîtra le fils de Dieu dans l'homme.

APPENDICE

~~~~~~

L'AME, SA NATURE, SA GENÈSE

On discute souvent cette question : l'homme *a-t-il une âme ?* Mais nul ne songe à définir ce que l'on entend par ce terme. De même on ne trouve nulle part une définition de l'esprit, bien que ce mot soit constamment employé en relation avec l'âme et le corps.

Pour la plupart des gens l'esprit et l'âme sont des termes spéculatifs, des choses inconnues qui existent à l'état de notions vagues dans l'intelligence, mais ne représentent pas une connaissance acquise par l'expérience.

L'homme est absolument incapable de donner une définition satisfaisante de quoi que ce soit. Dans l'état où il est, il ne traite que des *apparences*, l'essence réelle des choses lui échappe. Ceci est vrai, même de la *matière*, qui nous est cependant familière.

L'étude de la matière, sous ses formes variées, nous amène à observer que ces formes manifestent des phénomènes qui sont d'accord avec des lois fixes. Partant on peut constater l'existence d'une vie incessante qui donne à la matière, bien qu'elle soit elle-même dénuée de conscience personnelle, la possibilité de changer de formes en obéissant aux influences occultes qui opèrent à travers les éléments impondérables.

Cela dit pour le plan physique.

Passons au plan métaphysique.

La *pensée* est à l'homme ce que la matière est au *cosmos*.

La pensée est sujette à la même loi de production et de transformation incessante que la matière. Il y a toutes sortes de variétés de pensées, comme il y a toutes sortes de formes de la matière présentant également des caractères d'antagonisme et de contradiction. Les formes primitives de la pensée sont aussi essentielles aux formes plus élevées que les rochers inférieurs — produits des formes rudimentaires de la vie — sont essentiels à la création de cette qualité de terre organique qui a dû être travaillée par l'humble ver avant de pouvoir satisfaire aux besoins de la vie supérieure de l'homme. Nous voyons donc que ces transformations multiples, soit physiques, soit métaphysiques, sont produites par une condition supérieure opérant sur une condition inférieure, et créant par là une condition toute nouvelle.

La sphère supérieure opérant sur la sphère inférieure, produit un développement mental. L'esprit le plus ignorant possède une forme quelconque de pensée, sans cela il ne serait pas susceptible de progrès. Cette pensée qu'il possède devient, comme l'atmosphère de la terre, le médium à travers lequel une pensée plus élevée peut opérer, peut produire une nouvelle pensée. Nous nous sentons tous éclairés lorsque nous nous trouvons en contact sympathique avec un esprit supérieur et il en résulte un nouveau flot de pensées en nous.

Ce processus se continue incessamment et ainsi le volume de la pensée augmente et progresse jusqu'à ce que nous passions de la sphère de la personnalité à celle de la spiritualité. Alors l'élément se transforme et devient plus homogène. La pensée peut être comparée aux degrés les plus élevés des couches de la terre, tandis que l'élément spirituel ressemble à la *nourriture* qui est le grand résultat produit par la capacité organique de la terre.

Il est difficile, pour l'esprit emprisonné dans un
corps physique, de percevoir l'analogie qu'il y a
entre les opérations de la nature et celles de l'esprit. Du commencement à la fin, elles sont une
série de paradoxes qui recouvrent la vérité dont le
secret ne peut être deviné que par ceux qui le
cherchent en partant du dedans pour aller au dehors. Le côté que la nature présente aux sens physiques est celui de l'envers de la vérité, de là la
difficulté.

LA TRINITÉ DANS LA NATURE

Esprit, âme et corps ! Il semble que ce soit là
l'état primitif de la nature.

La question de la trinité est capitale. Nous
trouvons, sur ce sujet, beaucoup de lumière dans
Swedenborg, cet homme véritablement inspiré.
Il dit, dans son volume intitulé : « L'amour et la
Sagesse divines » :

154. « Il y a trois choses dans toute chose créée,
aussi bien dans la plus grande que dans la plus
petite, savoir : le but, la cause et l'effet. Il n'y a
pas de chose créée dans laquelle ces trois termes
n'existent pas. Dans le plus grand, dans l'Univers,
ces trois choses existent dans l'ordre suivant : le

but de toutes choses est le soleil (1) qui procède de
l'amour divin et de la sagesse divine ; les causes
de toutes choses sont dans le monde spirituel ; et
les effets de toutes choses sont dans le monde
naturel.

297. « Toute personne qui pense et qui est éclai-
rée peut voir que l'amour a pour but et produit
l'usage par la sagesse. L'amour, par lui-même, ne
peut produire aucun usage, sauf par le moyen de
la sagesse. Qu'est-ce que l'amour, s'il n'y a pas
un objet à aimer ? Cet objet est l'usage ; et comme
l'usage est ce qui est aimé et qu'il est produit par
la sagesse, il s'en suit que l'usage est le contenant
de la sagesse et de l'amour. Ces trois choses, le
divin de l'Amour, le divin de la Sagesse et le divin
de l'Utilité sont dans le Seigneur et en essence
elles sont le Seigneur.

298. « L'homme considéré par rapport à ses
extérieurs et ses intérieurs est une forme de tous
les usages, et tout dans l'univers créé correspond
à ces usages... L'univers créé, considéré par

(1) Dans l'Écriture, le soleil signifie le Seigneur, par
rapport à l'union de l'Amour et de la Sagesse divines et
en conséquence de cette correspondance, le Seigneur est
appelé dans la parole non seulement le soleil, mais aussi
le *feu* et la *lumière*, le feu correspondant à l'AMOUR et la
lumière à la SAGESSE.

rapport à ses usages, est une image de Dieu.
Ces choses qui sont du Dieu-homme, c'est-à-dire
du Seigneur, par création et en ordre, s'appellent
usages; mais non point celles qui sont propres à
l'homme, car celles-là sont l'enfer et celles qui
procèdent de l'enfer sont contraires à l'ordre. »

LA TRINITÉ SELON LA SCIENCE DES NOMBRES

Selon les Pythagoriciens, qui se plaisaient dans la
science des nombres, la monade était mâle parce
que son action ne produit pas de changement en
elle-même, mais seulement en dehors d'elle-
même. Elle représente le principe créateur. Pour
la raison contraire, la Duade était femelle parce
qu'elle change constamment par l'addition, la
soustraction et la multiplication. Elle représente
la matière capable de revêtir la forme. L'union de
la Monade et de la Duade produit la Triade, qui
signifie le monde formé de la matière par le principe créateur. C'est pour cela que les nombres
pairs sont appelés femelles et les nombres impairs
mâles, parce que les nombres pairs admettent une
division ou une génération que les nombres impairs n'admettent pas. L'union de l'un et du deux
produit le trois $1 + 2 = 3$. Or, trois a toujours

été considéré comme un nombre très sacré. Les nations payennes le tenaient pour le premier des nombres mystiques parce que, comme le fait remarquer Aristote, il contient en lui-même un commencement, un milieu et une fin (1). Par conséquent, quoique la grande cause première que nous appelons Dieu soit une dans son essence divine en *esse*, elle est triple en *existere*. L'amour divin duquel procèdent toutes choses est le Père ; la Sagesse Divine qui en découle, la Mère, et la Vérité Divine, en sa manifestation dans l'humanité, le Fils ; l'humanité est appelée le Fils. Cette première Trinité Sacrée, l'Amour divin, la Sagesse et la Vérité, ou Père, Mère et Fils (fils-fille) est connue dans le monde chrétien sous les termes de Père, Fils et Saint-Esprit ; dans l'ancienne Egypte, Osiris, Isis et Horus ; dans l'Inde, Brahma, Vichnou et Siva, et dans l'humanité en général, Esprit, Ame et Corps.

(1) Eliphas Levi dit : « La grammaire elle-même attribue trois personnes au Verbe :

« La première est celle qui parle, la seconde est celle à qui l'on parle, la troisième celle de qui l'on parle.

« L'Infini en *créant* parle de lui-même à lui-même. »

LA TRINITÉ DANS L'HOMME

Nous prions ceux de nos lecteurs qui seraient disposés à contester cette trinité dans l'homme d'étudier et de se rendre compte si cette idée ne peut pas être appuyée par des expériences accessibles à tous.

Nous savons que lorsque nous sommes endormis le processus merveilleux de la vie se poursuit de la même manière que lorsque nous sommes éveillés. L'individualité consciente d'elle-même n'est par conséquent pas ce qui génère et soutient la vie. La digestion, la circulation et les autres fonctions vitales d'un ignorant ou d'un idiot s'accomplissent aussi bien et aussi scientifiquement que celles du savant et du philosophe.

La même Omniscience divine et infaillible opère dans tous les hommes, quel que soit leur degré de développement. Alors même que nous abusons de nos organes vitaux par un usage grossier ou contre nature, la présence divine qui est au dedans d'eux corrige le mal de son mieux et si la maladie en résulte, c'est encore un moindre mal qui souvent devient un agent de guérison.

Les plus sages parmi nous ne savent rien de la manière dont l'économie vitale se soutient ; malgré les études des matérialistes et des théologiens sur cette question nous en sommes encore à ne pas savoir prendre soin de nos estomacs, éviter le mal de dents ou nous guérir de la moindre douleur. On met souvent à l'actif du médecin ce qui devrait être attribué aux forces divines qui parfois guérissent le mal en dépit de la médication employée.

Voyons ce qui se passe lorsque un os est brisé : le chirurgien arrive et lie le membre pour tenir les deux parties ensemble, mais il ne peut rien faire de plus, il les laisse à elles-mêmes sachant bien qu'elles auront l'intelligence nécessaire pour se souder l'une à l'autre.

En effet, là ou se trouve la fracture les nerfs et les vaisseaux se mettent à l'œuvre comme autant d'abeilles qui réparent leur rayon. Ils reçoivent la provision de sang dont ils ont besoin, ils en extraient la matière indispensable à l'os et accomplissent tout le travail nécessaire pour remettre le membre dans son état normal. Où est l'intelligence qui préside à cette opération magnifique et compliquée ? Dans le cerveau ? Nous n'en avons pas la moindre preuve. Le travail s'accomplirait sans doute de la même manière sans la pensée, tout le corps d'un enfant a été parfaitement formé sans la participation de la pensée.

Il y a des milliers de faits qui prouvent que
chaque organe, chaque cellule, chaque atome a
sa vie spirituelle propre qui contiibue à la vie
générale qui pénétre le tout. Il est bien évident
que les opérations de la vie organique sont sou-
mises à une intelligence directrice. Lorsque les
tiges de la plante grimpante cherchent un appui,
lorsque les racines d'un rosier se dirigent vers
l'eau, renversant tous les obstacles pour arriver;
lorsque les plantes qui croissent dans une obscurité partielle se tournent à droite où à gauche pour
atteindre un rayon de lumière; lorsque des fleurs
de sexes opposés s'inclinent l'une vers l'autre
pour consommer leur hyménée, certes elles donnent des signes d'intelligence. « Mais, nous dit-on,
cette intelligence est extérieure à la plante ou à la
fleur, elle ne réside pas en elle. » Comment prouve-
t-on cela? Pourquoi ne pas dire aussi bien que
l'intelligence de la fourmi, de l'abeille, de l'oiseau,
du chien ou de l'éléphant est extérieure à eux et
ne leur appartient pas ?

Il y a toutes raisons de croire que les formes
inférieures de la vie spirituelle contribuent à
l'existence des formes plus élevées. L'âme de la
plante subsiste probablement sur la substance de
l'âme des minéraux et l'âme des animaux est

nourrie par l'âme des plantes. Il se peut aussi que
les âmes de notre vie organique qui se libèrent à
chaque instant par la décomposition de la forme
matérielle qu'elles animaient nous entourent
comme d'une sphère de vitalité qui nourrit notre
propre individu ou que, pénétrant l'âme animale,
elles entrent dans la vie spirituelle de ceux qui
nous entourent. Il est bien certain que chacun des
plus infimes atomes qui flottent dans un rayon de
soleil est animé par une intelligence séparée. On
s'en convaincra si on les surveille attentivement,
en voyant de quelle manière ils montent et descendent et circulent sans se rencontrer. Il en est
de même pour les corpuscules de notre sang, ce
dont chacun pourra se rendre compte en les exa-
minant au microscope. Si nous faisons une dis-
tinction entre la matière, l'âme et l'esprit, cela ne
suppose pas une différence entre quelque chose et
rien. Pour nous, la matière est un accident temporaire et l'esprit est une réalité permanente et
plus élevée. C'est la substance de l'âme qui, après
avoir fait son éducation à travers la matière, est
finalement destinée à atteindre l'état spirituel le
plus élevé en retournant à sa source ; tel est évidemment le but de l'existence matérielle, la création et l'éducation des âmes par les expériences

de la vie matériellé et terrestre devant conduire
au bonheur de la vie éternelle dans une sphère
plus élevée.

Nous acceptons la psychologie de Paul sur
l'homme qui est ESPRIT, AME et CORPS, mais la
constitution septenaire des Bouddhistes est encore
plus complète que cela.

Le corps que nous connaissons est construit
avec ce qu'on appelle des particules matérielles
sur une forme spirituelle ou astrale, car les atômes
ou les particules matérielles ne pouvaient se grou-
per sur rien, et cette forme astrale ou, selon
l'expression de saint Paul, « le corps spirituel », est
le *troisième principe* des Bouddhistes.

De l'*esprit* (ou Pneuma) nous ne savons que
peu de chose ; d'après ce que nous pouvons re-
cueillir à ce sujet dans les écrits sacrés, les révélations des voyants et par la raison, nous croyons
qu'il est éternel et qu'il consiste en une forme
divine de la vie qui, après avoir passé à travers
diverses catégories d'anges, selon une loi inviolable, finit par descendre sur la surface terrestre et
travaille dans chaque homme afin d'amener son
âme animale ou terrestre (Psyché) à s'harmoniser
avec cette vie divine. Il va sans dire que c'est le
principe le plus élevé auquel l'humanité puisse

atteindre, le septième est l'Atma des Bouddhistes. En d'autres mots, il n'y a qu'UNE vie et qu'une substance qui se manifeste à travers une variété infinie de formes soit au-dessus soit au-dessous de l'homme.

D'après la raison et la réflexion, aussi bien que selon le témoignage des écrits sacrés, nous croyons que Psyché, ou l'Ame, est composée de toutes les Psychés ou toutes les âmes de la création organique qui est au-dessous de l'homme. Lorsque un animal meurt, son âme passe dans l'Univers pour renaître dans une espèce plus élevée et finalement (peut-être après un temps plus long que nous ne pouvons nous le figurer) entrer comme partie constituante d'une Psyché ou âme humaine. Ainsi les germes d'âmes se meuvent en montant vers la perfection et l'âme humaine qui est le point le plus élevé sur la sphère terrestre recueille les divers modes de conscience qui sont au-dessous d'elle et forme un seul mode de conscience universelle, ou âme, qui contient en elle-même toutes les possibilités diverses d'expression. L'homme est ainsi psychiquement, aussi bien que physiquement, un microcosme, l'épitome du macrocosme. Il est le point central de l'Evolution et de l'Involution là où se rencontrent les âmes

7

germes qui, à travers une longue course, ont été
enlacées et fécondées par l'esprit *descendant*. Celui-
ci a lui-même été préparé par un long processus
évolutionnaire à travers des êtres qui se sont
élevés plus haut que l'homme, mais l'homme
atteindra le même degré par le processus de l'Involution, à mesure qu'il s'élèvera, montant en
spirale, jusqu'à la source divine de la vie Une de
tout ce qui existe.

L'ORIGINE DU MAL

C'est dans ce que nous venons de dire que
se trouve la théorie du mystère de l'origine du
mal.

Les animaux inférieurs sont incapables de
pécher isolément, mais lorsqu'ils sont unis dans la
Psyché humaine, le travail de l'esprit qui doit les
amener à l'ordre et à la soumission commence.
Toutes les tendances et les affections purement
animales doivent être détruites et l'être doit s'élever à la vie supérieure de l'esprit (Pneuma). De là
le sens intime ou ésotérique du sacrifice, le mal
est naturel partout où vous trouvez les hommes
dépravés et tombés dans les conditions naturelles.
C'est pour cela que l'on a pu parler du mal comme

de la loi de la créature inférieure opérant dans l'homme.

Lorsque nous atteindrons au sixième Principe (l'âme vierge immaculée) de qui est né l'esprit du Christ, ou Fils de Dieu, nous pourrons tout dominer en nous par la puissance de ce pur et saint esprit.

Dans le récit de la tentation on nous dit que Jésus-Christ était dans le désert avec les *bêtes sauvages* et comme l'humanité est UNE, ce que l'un gagne devient la propriété de tous et c'est là la réconciliation du Pneuma et Psyché (l'esprit et l'âme) à travers la vie pure d'une humanité parfaite.

Nous savons que chaque globule du sang est vraiment vivant et qu'il a, pour ainsi dire, une existence indépendante qui continue pendant quelques secondes après qu'il est sorti du corps. Il doit en être de même du sang spirituel impur : il n'y a pas de rémission, si l'on ne participe pas au sang nouveau et purifié (ou vie de Christ), il n'y a pas de salut ou, en d'autres mots, pas de vie supérieure, pas de rédemption de l'existence matérielle.

Que deviennent donc ces impuretés qui sont des entités vivantes du mal ? Nous savons que pas un atome dans l'univers ne peut se perdre, que nous ne pouvons pas annihiler, fût-ce une seule goutte d'eau ; que chaque son dans la nature, chaque parole oiseuse prononcée par la bouche de l'homme s'en ira vibrer incessamment à travers l'infini du temps. Que deviennent donc ces entités vivantes et mauvaises ? Il n'est pas facile de répondre à cette question. Chacun doit chercher à résoudre ce problème, mais nous donnerons ici notre conviction personnelle sur ce sujet et à laquelle nous sommes arrivés par une profonde étude des auteurs inspirés anciens et modernes.

BÊTES ET FORMES DU MAL

Hermès Trismégiste, dans le « DIVIN PIMANDRES », et Swedenborg, dans « LA SAGESSE ET L'AMOUR DIVINS », considèrent les bêtes malfaisantes comme le produit de l'iniquité de l'homme. Le premier déclare que les hommes mauvais qui ne veulent pas se repentir descendent à la condition d'êtres rampants et malfaisants. Dans tous les Ecrits sacrés, la menace faite par la justice Divine aux peuples qui se révoltent et désobéissent est qu'ils seront *dispersés*. C'est aussi la pénalité infligée à l'individu qui persiste à suivre sa volonté perverse. Au lieu

de construire sa personnalité permanente comme
« un temple saint pour le Seigneur », les éléments
qui composent son royaume microcosmique sont
dispersés en individualités moindres et inférieures.
On peut les considérer comme les débris d'une
âme impure, des émanations d'êtres non divins,
des pensées mauvaises. Ce processus de division
et de dispersion commence déjà sans doute
dans ce que nous appelons « le temps de la vie »
d'une personne moralement corrompue. Spinoza,
Swedenborg, Paul et d'autres philosophes nous
ont enseignés à déduire les vérités spirituelles des
faits physiques, ces derniers n'étant que le résultat et la représentation fidèle des premiers. Et cette
doctrine des correspondances nous apprend à
observer que, comme les personnes qui ont des
habitudes malpropres engendrent des parasites
nuisibles dont on ne peut se préserver que par la
propreté — ce type de ce qui est divin — ainsi
les personnes qui ont des tendances ignobles et
corrompues, engendrent des abominations spirituelles d'une nature essentiellement grossière
et sensuelle qui gravitent vers la terre et s'in-
carnent dans des formes correspondantes à leur
caractère.

Swedenborg, dans son « Amour et Sagesse di-

vins », nous dit que rien n'existe dans le monde
naturel qui n'ait sa cause et son origine dans le
monde spirituel, — par monde spirituel il entend
l'enfer aussi bien que le ciel. Dans le ciel apparaissent toutes les choses qui sont bonnes, dans
l'enfer toutes celles qui sont mauvaises (Voyez n°
338 où elles sont énumérées) : « des bêtes sauvages
de toutes espèces, des serpents, des scorpions, des
crocodiles, des tigres, des loups, des porcs, des
hiboux, des chauves-souris, des rats, des souris, des
grenouilles, des araignées et des insectes nuisibles
de toutes sortes ; dans le règne végétal, la ciguë,
l'aconit et toutes espèces d'herbes empoisonnées ;
et dans le règne minéral toutes sortes de terres
malsaines ; en un mot, toutes les choses qui sont
nuisibles ».

Toutes ces choses apparaissent dans l'enfer, mais
cependant elles ne sont pas là comme sur la terre,
car elles ne sont que les correspondances des désirs
qui naissent des amours mauvais, mais se présen-
tent aux autres sous les formes que nous venons
d'indiquer. Puisque il y a de telles choses dans
l'enfer, il abonde aussi en odeurs nauséabondes, en
débris cadavéreux et putrides, dans lesquels les
esprits diaboliques se complaisent ; les animaux
aussi aiment les odeurs mauvaises. De là on peut

conclure que les choses pareilles qui sont dans le
monde naturel n'ont pas leur origine dans le Seigneur et n'ont pas été créées au commencement ;
qu'elles ne viennent pas de la nature par son
Soleil, mais qu'elles sont de l'enfer, par conséquent le résultat du mal. Qu'elles ne soient pas de
la Nature par son Soleil est évident, parce que ce
qui est spirituel coule dans ce qui est naturel et
non pas *vice versa* ; et qu'elles ne soient pas du Seigneur est aussi évident parce que l'enfer ne procède pas de lui ni aucune des choses qui correspondent au mal de ses habitants.

336. « Tous les bons usages sont du Seigneur et
tous les mauvais de l'enfer. Les bons usages seuls
ont été créés par le Seigneur et les usages mauvais
viennent de l'enfer. Par usages, nous entendons
toutes les choses qui paraissent sur la terre, comme
les animaux de toutes espèces, les végétaux, etc ;
ceux qui fournissent des usages pour l'homme
sont du Seigneur, et ceux qui font du mal à l'homme
sont de l'enfer. De la même manière, par usages
du Seigneur sont entendues toutes les choses qui
perfectionnent les facultés rationnelles de l'homme
et font qu'il peut recevoir le principe spirituel du
Seigneur, et, par usages mauvais sont entendues
toutes les choses qui détruisent le principe ration-

nel de l'homme et l'empêchent de devenir spirituel.
Les choses qui font du mal à l'homme sont
appelées également usages, parce qu'elles contribuent à absorber les choses malignes et agissent
comme remèdes. Usage est employé dans les
deux sens comme amour, car nous parlons d'un
amour bon et d'un amour mauvais, et l'Amour
appelle tout ce qui est fait par lui-même *usage*. »

Swedenborg mérite d'être étudié sérieusement,
car il enseigne ouvertement ce que la révélation ou
l'inspiration lui a appris des choses profondes de
l'Esprit divin de l'amour et de la sagesse de la
Providence Omnisciente de Dieu, mais il est un
auteur trop diffus pour être cité facilement. Il nous
suffit d'indiquer ici ce qu'il enseigne à propos
de ces formes du mal. Elles sont le réceptacle des
esprits impurs qui sortent de l'homme. Le Seigneur, par pitié pour ses créatures, enferme ces
esprits dans ces formes afin que le monde soit
sauvé de la destruction qui aurait lieu si ces émanations laissées en liberté empoisonnaient l'atmosphère. La vitalité des esprits impurs se trouvant
ainsi rejetée sur l'énergie animale s'épuise partiel-
lement dans les bêtes, en sorte que cette énergie
étant, à leur mort, en partie consumée, elle
retourne aux éléments considérablement affaiblie.

De là résulte que l'immortalité n'est nullement assurée pour tous les hommes. Ceux qui désirent conserver leur âme doivent la cultiver, autrement elle sera dispersée. Il n'est pas nécessaire qu'un homme soit mort, au sens physique et ordinaire de ce mot, pour qu'il rejette ses mauvaises émanations. Paul parle de mourir à ses péchés et il dit que celui qui vit dans les jouissances du monde est mort bien que vivant. Le mot de mort est constamment employé pour exprimer la décadence spirituelle et morale, et il est tout à fait possible que l'âme ou le Ego intérieur d'un homme ou d'une femme mauvais, soit tout à fait dissipé et éparpillé avant leur mort physique.

Les hommes bons comme les hommes mauvais émettent constamment des influences ou émanation vivantes. Chaque pensée est une émanation qui a un pouvoir vivant et, dans certains cas, comme la prière ou un fervent désir, un pouvoir de vie ou de mort. L'adepte le sait bien et c'est pour cela que le pouvoir n'est communiqué que sous le sceau de l'Initiation.

Chaque pensée et chaque acte — qui est une pensée incarnée — est probablement un entité spirituelle ou une émanation, une création de l'esprit humain qui peut, selon son degré de vitalité, s'exprimer

sous une forme extérieure et devient ainsi une
créature pour le bien ou le mal, suivant la source
de son émanation. Car Dieu a créé l'homme avec
le pouvoir de créer à son tour ; il dépend de lui
par la libre volonté dont il a hérité de ses Divins
parents, — de créer du bien ou du mal. Le pouvoir vient du Seigneur, l'exercice de ce pouvoir est
entre les mains de l'homme ; une terrible respon-
sabilité pèse donc sur chaque individu, car comme
le Saint peut donner naissance à des formes de
beauté, à de fraîches fleurs, à des émanations
bienfaisantes qui embellissent la terre et le ciel,
les méchants et les corrompus peuvent de la même
manière donner naissance à des apparences hideuses et repoussantes que nous évitons instinctive-
ment et que nous cherchons à détruire. Quelques-
unes sont hideuses et rampantes comme la fange,
effrayantes comme l'envie et la haine, empoisonnées et fatales comme le mensonge, la jalousie ou
les esprits de la fraude et de la trahison. L'âme
croît tout à fait comme le corps et change de jour
en jour comme lui, elle se fortifie par l'exercice
et se prépare pour attirer à elle et engendrer
des âmes encore plus élevées, et c'est cela qui est
la loi de l'éducation du développement et du
progrès.

En sorte que nous avons des maladies de l'âme,
comme les maladies du corps qui réagissent les
unes sur les autres et sont susceptibles d'êtres trai-
tées. L'esprit ne se nourrit-il pas de pensées et de
sentiments ? N'est-il pas affamé ou surchargé ? Ne
peut-il pas s'exciter ou s'enivrer ? Qui n'a pas senti
son âme fortifiée par la communion avec une âme
plus spirituelle et plus forte ?

LA VIE [1]

Il est hors de doute que la vie est un processus
évolutionnaire, mais l'évolution elle-même ne
peut être comprise que par le moyen d'une
théorie spirituelle — ce n'est pas la forme qui est
évoluée — mais c'est un état qui est évolué d'un
autre état. On peut suivre la chaîne en montant
comme en descendant. L'influence qui fait progresser vient d'en *haut*, mais le progrès qui peut
profiter de cette influence vient d'en *bas*. Ainsi il
y a un échange incessant entre les états plus élevés
et les états moins élevés, échange qui est indispen-

[1] Adaptation d'une conférence du professeur J. Burns,
O. S. F.

sable à la vie du tout. Si cet échange s'arrêtait, il en résulterait la mort universelle.

Il y a plusieurs formes de matière qui sont le résultat de l'évolution cosmique. La matière, *plus* quelque chose d'autre, produit de nouvelles formes de « matière » comme cela se voit dans les végétaux, les animaux et dans l'homme.

Le troisième octave introduit un nouvel élément que nous appelons l'esprit et qui existe dans des états différents, de même qu'il y a plusieurs espèces de matière et plusieurs formes de vie.

La vie est la manifestation phénoménale d'un état particulier. On peut dire que c'est le point où un état plus élevé se manifeste à travers un état inférieur et donne naissance à une nouvelle condition, à une nouvelle individualité.

L'action réciproque du Ego et de l'âme dans des conditions appropriées produit en premier lieu le corps humain, comme forme distincte de la matière, secondement l'intelligence humaine comme une couche métaphysique distincte qui sépare la matière de l'esprit.

Le Ego continuant sa course éternelle en conjonction avec l'âme — ce lien qui la relie à l'infini — produit, ou élabore, d'innombrables états spirituels qui sont représentés dans le monde invi-

sible. Cela ne veut pas dire que ces états spirituels
soient la *source* l'un de l'autre, mais que les états
spirituels les plus élevés sont les moyens de faire
monter les états inférieurs. Ils ne représentent que
des conditions ou des degrés divers de l'Infini pré-
existant éternellement. Les états spirituels pourraient être comparés à la gamme musicale : chaque
note a un *caractère* particulier qui lui est propre et
qu'une oreille compétente saura reconnaître en toutes circonstances. Il y a des demi-tons et des tons.
Le demi-ton plaintif et discordant de la vie terrestre
de l'homme et ses transitions métaphysiques,
n'ont rien de musical. Mais, si vous l'entendez
au milieu de la grande symphonie des sphères, il
ajoutera à l'exécution une gloire particulièrement
touchante et cette plainte qui fait tressaillir le cœur
sera la plus puissante impulsion donnée à la vie
divine dans les éternités futures.

Le mouvement comme forme inférieure de la
vie est en réalité la mort. Cependant il représente
le plan qui est manifesté en toutes choses. La vie
de la rivière qui coule, de la brise qui soupire, de
la pierre qui roule suppose deux conditions : une
source et une destinée. Si il n'y avait pas une
source d'opération, le vent ne soufflerait pas, le ruisseau ne coulerait pas et la pierre n'irait pas en

avant. Puis, il doit y avoir une destinée. Si le vent
était empêché, la rivière arrêtée ou que la pierre
rencontrât un obstacle, le phénomène auquel ils
donnent lieu ne pourrait pas exister.

Dans la vie, vu l'action chimique, il y a la même
transition, non pas de *lien*, mais "*état* : la substance
reste à la même place, mais n· n point dans les
mêmes conditions d'espace.

Dans l'organisme vital, les *limites* de la sphère
d'opération sont strictement définies. Le corps
suppose une somme de vie qui est particulière à
lui-même et détachée des éléments qui l'entourent.

Dans l'homme s'ajoute un nouvel élément qui
comprend ce qui est spirituel, aussi bien que dis-
tinctement humain, sur le plan organique. Nous
avons par conséquent dans l'homme une combinaison de plusieurs formes de vie, toutes les formes inférieures étant subordonnées aux formes
supérieures.

Dans l'*Esprit*, l'impulsion divine s'exprime sur
son plan encore plus élevé, et ainsi le mode d'opération s'élève de plus en plus, mais il est toujours le
même dans tous les états ; c'est le flot incessant
d'une présence irrésistible qui émane d'une source
inépuisable et revêt des formes diverses en repré-

sentant des types correspondant au plan d'observation.

Toute action chimique est le déroulement extérieur de ce flot incessant sur le plan de la matière,

Toute action végétale est le même courant passant à travers des conditions plus élevées ; et les diverses plantes indiquent la nature de ces conditions.

Les fonctions animales sont encore la RIVIÈRE UNE DE LA VIE décrivant ses courbes à travers une autre section du Domaine Cosmique.

Toute l'humanité est le RUISSEAU DIVIN dans des conditions particulières qui ne se trouvent que chez l'homme.

Tous les esprits expriment l'éternelle marée montante, la même présence manifestée par des phénomènes qui marquent une phase d'existence que nous appelons *spirituelle*.

Rien de cette vie n'est perdu, elle monte de degré en degré, se manifestant dans chaque état par les formes qui y correspondent.

L'influence qui fait progressser vient toujours d'en haut ; et la condition perfectionnée qui en résulte se manifeste *en bas*. L'action réciproque est incessante. L'homme est, sur la terre, le lien qui relie l'animal à l'esprit.

L'instinct de l'animal est plus parfait, dans son
genre, que l'observation et la raison de l'homme, et
cet instinct est de nouveau reproduit dans une
forme plus élevée dans l'instruction de l'Esprit
qui se manifeste fréquemment, et d'une manière
digne de confiance, aux intelligences spirituelles
qui sont encore dans la chair.

L'état animal appartient à l'âme, l'état spirituel
appartient au *Ego*. L'état spirituel est un autre
plan de la création, c'est un état de l'âme indiquant
un royaume distinct de l'Infini. Chez l'Ange, le
Ego ou la volonté prend une autre direction et de
là résulte que l'un des caractéristiques spéciaux de
l'ange est la puissance de la volonté, la possibilité
de passer d'un état dans un autre.

Les Anges les plus élevés peuvent être appelés
Célestes par rapport aux moins élevés qui sont
plutôt des Esprits *Angéliques.* Il y a des messagers
des hauts cieux qui descendent sur la terre, et
des milions de travailleurs dévoués à l'humanité
ont peut-être progressé à travers différentes parties
de l'Univers pour arriver, après de longs siècles,
dans notre sphère où ils accomplissent des œuvres
bienfaisantes sur une planète retardée.

Le ministère Angélique ouvre à l'intelligence
les plus glorieuses contemplations. Il manifeste

l'amour en œuvre. L'âme éprouve un désir incessant de pousser le *Ego* vers des missions plus élevées et des intuitions plus saintes. Il en est ainsi,
parce que tous deux sont des parties de l'infini dans
lequel existe la perfection de toutes choses.

LE MONDE SPIRITUEL

Où est le monde spirituel ?

Il est ici, autour de nous et au dedans de nous.
Si nous pouvions voir ce qu'était la terre il y a
quelques millions d'années et la comparer à ce
qu'elle est aujourd'hui avec ses grandes villes et
tout le développement de sa science et de ses arts,
et si nous deman   ns : « Où était tout cela alors ? »
la réponse serait : « Tout ce qui est aujourd'hui
faisait alors partie du monde invisible, car chaque
chose qui existe matériellement a dû exister
d'abord spirituellement, comme cela se passe pour
l'œuvre conçue, puis exécutée par l'artiste. Le
monde n'est qu'une représentation phénoménale,
une extériorisation de la pensée.

Mais tout le résultat substantiel de la civilisation n'est pas sorti uniquement du cerveau de la
race humaine, celle-ci s'est nourrie des couches
qui l'ont précédée. L'animal a autant contribué à

8

l'évolution de notre civilisation que l'homme lui-
même et aujourd'hui il se tient à côté de lui, récla-
mant aussi son immortalité.

Sur le Sinaï de la fin du dix-neuvième siècle se
proclamera la destinée des animaux et des végétaux aussi bien que celle de ce type d'orgueil —
l'homme — qui, une fois, s'est cru seul immortel
mais a, cependant, fini par accorder que la femme
l'était peut-être aussi.

Nous commençons à comprendre maintenant
que si l'homme représente l'Intelligence spirituelle,
la femme représente l'Intuition et l'intuition pénètre toutes choses.

L'intuition est mûre aujourd'hui, elle entoure
toutes choses comme d'une atmosphère. Pourtant
la femme se lève et se tient aux côtés de l'homme
dont l'intelligence serait incomplète sans son intuition, car ce que Dieu a uni, l'homme ne peut pas
le séparer.

C'est de cette union seulement que peut naître
le Fils de Dieu, c'est-à-dire la vérité qui nous fera
passer de la matérialité à la spiritualité. Et ainsi,
nous sommes toujours ramenés à cette Trinité
éternelle et indispensable :

L'INTELLIGENCE, L'INTUITION ET LA VÉRITÉ

Lorsque les inspirations spirituelles viennent à nous, sous une forme atmosphérique, nous les appelons du nom d'Intuition ; lorsqu'elles prennent des proportions organiques, nous désignons ce qui en résulte sous le nom d'intelligence ; lorsqu'elles agissent sur le corps par la volonté, qu'elles enveloppent nos muscles et que les pensées se développent elles deviennent le corps, et ainsi nous avons la trinité : l'Esprit, l'Intelligence et le Corps de l'homme, et à mesure que l'un disparaît, un autre se manifeste : ce qui aujourd'hui était l'enveloppe ou l'intelligence de l'homme sera demain son corps. Lorsque l'enveloppe tombe, il faut bien qu'il reste un corps comme pour le papillon, comme pour l'oiseau qui sort de l'œuf, comme pour la pédoncule de la fleur, etc.

Chaque chose rejette sa représentation organique et manifeste ce qui existe intérieurement. Ce qui est intellect aujourd'hui devient matière demain, et ce qui était esprit par rapport à cette intelligence devient intelligence par rapport à cette matière, jusqu'à ce que cela même que nous ne pouvons concevoir arrive à la vie et s'extériorise, et c'est ce que nous appelons Esprit.

Et ainsi tout se meut, progresse sans jamais s'arrêter, car la source *des eaux vives* coule sans cesse ;

par conséquent l'éternité est derrière nous aussi
bien que devant nous, et nous sommes les types ou
les représentations actuelles du Père, du Fils et du
Saint-Esprit. La fin de ce siècle manifeste aussi la
Trinité en ceci : que, cherchant une grande vérité
dans les vieilles croyances, il la transforme et l'exprime sous une nouvelle forme de science et de
beauté.

Dieu s'agrandit en proportion de ce que nos
intelligences peuvent le comprendre. Dans un
sens sublime, Il doit toujours être le sommet de
l'idéal humain. L'esprit divin que nous pouvons
appeler Cause, Infini, Jéhovah, le Seigneur ou de
n'importe quel nom, est le plus grand effort de l'âme
vers son idéal. Mais par le fait même de son infini,
de sa grandeur, de sa profondeur cette Idée-Dieu
nécessite quelque chose de plus petit et de plus
proche de nous à travers lequel elle puisse réfléchir sa beauté inexprimable, sa gloire écrasante,
sa sublimité qui ne peut se révéler. C'est ce quelque chose qui devient le Fils, le Réflecteur, la
lumière de Dieu, la Révélation ; la première et la
plus complète Réalisation par laquelle nous puis-
sions saisir un rayon de cet amour incommensu-
rable, de cette sagesse ineffable ; ce rayon pénètre

1 . brouillard et l'obscurité qui entourent l'âme de

la terre, comme un rayon de soleil glisse à travers
l'épais feuillage d'une forêt. Car Dieu est trop
grand pour que l'Esprit purement humain puisse
le comprendre : comment la partie pourrait-elle
concevoir le tout ? Quel est l'être sur la terre ou
dans le ciel qui puisse concevoir l'infini ?
Ne raisonnons pas sur Lui, ne le jugeons pas
selon les lois humaines, prions-le et rêvons à
Lui jusqu'à ce qu'Il devienne une partie de nous-
mêmes.

C'est une grande joie cependant de nous dire que
nous nous développerons bien au delà de ce que
nous pouvons rêver aujourd'hui et qu'il n'y *aura
jamais de fin !*

L'avenir et le passé s'uniront magnifiquement,
dans un *Présent* parfait et exquis, et nous nous
sentirons vraiment citoyens de l'Eternité, obéissant aux lois d'une harmonie parfaite, tandis que
notre chère vieille terre continuera à tracer son
orbite dans une paix céleste. Sans manquer de respect au passé et sans crainte de l'Avenir, mais
selon la loi éternelle du progrès et du développement de notre nature, nous avons le droit de trouver aujourd'hui dans la vérité plus que hier et
demain, plus qu'aujourd'hui.

Il n'y a rien de si sombre qui n'ait le droit de

venir au jour, rien de si profondément enseveli
qui n'ait le droit de ressusciter.

Il n'y a rien de si lointain dans le passé qui
n'ait le droit de venir s'unir aux beautés infinies
du PRÉSENT. Aussi pouvons-nous, à la lumière
d'aujourd'hui, tourner les pages non seulement
des écritures Juives mais des livres sacrés des
Bouddhistes et de l'ancienne Egypte, aussi bien
que les pages des rochers et de la terre, de l'astro-
nomie, de toutes les sciences, de toute poésie et de
toute religion. C'est par là que l'histoire du monde
s'illuminera et que, à travers les siècles, nous verrons courir le fil d'or de l'unité et de la révélation.
Alors nous aurons le droit de dire que nous avons
une religion scientifique et une science religieuse.
Nous aurons le droit d'affirmer que la Théosophie
contient tous les Evangiles et traduit à nouveau
toutes les anciennes révélations.

Résumons maintenant la question de la Trinité
et du monde spirituel.

Nous avons trouvé que l'homme, à l'image de
son créateur, est un être triple, qu'il a un esprit,
une âme et un corps.

Nous trouvons que le monde spirituel existe

déjà ici maintenant, autour de nous ; que nous
en faisons déjà partie, bien que nous soyons,
pour l'instant, revêtus de matière. Mais cette
matière donne des signes si évidents de vie que
nous sommes prêts à croire qu'elle consiste en
particules tombées de la substance de l'âme et
de l'esprit par laquelle elle a été élaborée et continue à s'élaborer à travers des formes et des conditions éternellement changeantes.

Au moyen d'un nouveau sens et d'un nouvel
œil, nous verrions le monde spirituel qui nous
entoure de tous côtés. Nous avons été habitués à
penser au ciel comme s'il était éloigné de la terre ;
mais nous n'avons aucune preuve que cela soit. Le
Ciel est l'union ou la Société des êtres spirituels les
plus élevés. Ne se peut-il pas qu'ils remplissent
l'Univers de telle sorte que le ciel soit partout ?
Est-ce que ces êtres peuvent être enfermés dans des
limites matérielles comme nous ? Il est possible
que la distance qui nous sépare du Ciel ne soit
que le voile de chair que nous n'avons pas maintenant la puissance de pénétrer. Christ a dit que
le royaume des cieux est en nous.

Ainsi l'homme est triple et habite trois mondes
à la fois, bien que, au point de vue de ses sens
matériels, il n'habite que la terre.

Tous les êtres qui habitent la terre sont
conduits par la vérité qui vient de Dieu, chacun
de la façon qui convient à sa nature ; chacun
recevant la lumière selon ses capacités ; mais
tous vivant dans le même Dieu et tous exprimant
cette trinité inviolable et éternelle — le passé, le
présent et le futur.

TABLE DES MATIÈRES

—

ALENÇON. — IMPRIMERIE F. GUY.

Imprimé en France
FROC030909290220
23563FR00011B/231